唐朝人物传奇

赵梅清 —— 编著

© 团结出版社，2024 年

图书在版编目（CIP）数据

　　唐朝传奇人物 / 赵梅清编著 . -- 北京：团结出版社，2024.10
　　ISBN 978-7-5234-0388-4

　　Ⅰ.①唐… Ⅱ.①赵… Ⅲ.①历史人物 - 列传 - 中国 - 唐代 Ⅳ.① K820.42

中国国家版本馆 CIP 数据核字 (2023) 第 167034 号

责任编辑：周　颐
封面设计：紫英轩文化

出　　版：团结出版社
　　　　　（北京市东城区东皇城根南街 84 号 邮编：100006）
电　　话：（010）65228880　65244790
网　　址：http://www.tjpress.com
E-mail：zb65244790@vip.163.com
经　　销：全国新华书店
印　　装：天津泰宇印务有限公司

开　本：170mm×240mm　16 开
印　张：12　　　　　　　　　字　数：200 千字
版　次：2024 年 10 月 第 1 版　印　次：2024 年 10 月 第 1 次印刷

书　号：978-7-5234-0388-4
定　价：39.80 元
　　　　（版权所属，盗版必究）

站在权势之巅——悉数唐朝帝王

开创唐王朝辉煌的李渊 / 001

一代名主李世民 / 004

空古绝今的女皇武则天 / 007

懦弱无能的唐中宗李显 / 010

风流天子唐明皇 / 013

"苦命"的皇帝李豫 / 015

刚愎自用的唐德宗李适 / 019

当太子时间最长的皇帝 / 021

奋发有为的好皇帝李纯 / 025

昏庸的短命皇帝李恒 / 028

藩镇手中的傀儡皇帝李晔 / 031

舞动政事波澜——笑看唐朝后宫

大度仁厚的长孙皇后 / 035

女中"魏征"唐太宗的徐妃 / 038

专权蛮横的韦皇后 / 042

唐玄宗的痴情妃 / 046

令"六宫粉黛无颜色"的杨贵妃 / 048

独得唐宪宗宠爱的杜秋娘 / 052

驰骋疆场——战马上的雄鹰

传奇人物秦叔宝 / 056

战功卓越的苏定方 / 059

戎马一生的李勣 / 063

猛将军尉迟恭 / 067

东征西讨的薛仁贵 / 070

"军人楷模"郭子仪 / 073

王佐之才李靖 / 077

足智多谋的李光弼 / 080

草人借箭的良才张巡 / 083

名垂唐史——贤相辅国留英名

唐朝开国元勋裴寂 / 086

栋梁之材杜如晦 / 089

千古诤臣魏征 / 092

忧国忧民的房玄龄 / 095

两朝元老长孙无忌 / 097

贤相狄仁杰 / 100

文质彬彬的宰辅张说 / 103

"救时宰相"姚崇 / 106

开元名相张九龄 / 110

牛党的领袖人物牛僧孺 / 112

宦海沉浮的李德裕 / 115

"文"耀千秋——才子墨客遍天下

善于炒作的陈子昂 / 119

与日月同辉的李白 / 121

与诗仙齐名的诗圣杜甫 / 125

"大众诗人"白居易 / 129

唐宋八大家之首韩愈 / 134

一代才女薛涛 / 136

千古骂名——惹人恨的奸佞酷吏

安史之乱的罪魁祸首 / 139

靠裙带关系发家的杨国忠 / 142

"请君入瓮"的来俊臣 / 146

口蜜腹剑的李林甫 / 148

猖狂一时的武三思 / 152

侍奉六主的宦官仇士良 / 156

褒贬不一的"吴越国王" / 159

名师大家——矢志不渝成典范

东渡传佛法的鉴真和尚 / 164

天文学家僧一行 / 168

"药王"孙思邈 / 171

历尽艰辛得真经的玄奘 / 173

苦命的书法家褚遂良 / 176

"画圣"吴道子 / 180

书法家"柳少师" / 183

站在权势之巅——悉数唐朝帝王

开创唐王朝辉煌的李渊

人物名片

唐高祖李渊(公元566年~635年),字叔德,老家在今天的甘肃临洮,是盛世唐王朝的建立者。公元618年时在长安称帝建号,于626年把皇位传给次子李世民,统治唐王朝9年,一共在世70年,庙号为高祖,谥号为神尧大圣大光孝皇帝,贞观九年十月二十七日庚寅日,葬于献陵,是中国历史上赫赫有名的皇帝之一。

人物风云

李渊老家在今天的甘肃秦安,他的爷爷名叫李虎,曾经担任后魏的左仆射,在位时获封号陇西郡公,官位最高达到太尉,是当时著名的八柱国之一,地位非常尊贵,死后又被追封为唐国公。李渊的父亲名叫李昞,沿袭他的父亲封号唐公,北周时任柱国大将军、安州(今湖北安陆市)总管。在公元566年,李渊在长安出生,7岁时就沿袭祖上的唐国公封号。

李渊年轻的时候,风流倜傥,性情豁达,天性率真,待人宽厚,有容人之量,所以在当地有很高的威望。他的妻子窦氏,是当时隋朝贵族窦毅的女儿,李渊的姨母是隋文帝的独孤皇后，因此，李渊在朝廷上备受器重。曾经担任陇州（今陕西陇县）、谯州（今安徽亳州）、岐州（今陕西凤翔县）刺史。李氏家族在陕西一带的地位非常显贵。

公元617年，李渊被任命为太原留守。太原是一个军事重镇，而且部队实力强，粮草充足，李渊十分高兴，想利用太原的有利形势发展自己的势力。

李渊刚到太原的时候，有一支名叫"历山飞"的农民起义军集结在太原的南面，把西河、上党、京都的道路堵了。这支起义军曾几次进犯隋朝，李渊为了树立自己在太原的威信，决定镇压"历山飞"。在两军对阵敌众我寡时，李渊采用智取的方法把起义军打败。

李渊打败了起义军，很好地巩固了他在太原的地位。并且太原一带的官僚、地主、商人也纷纷投靠他。李渊还命令李世民在太原广结英雄好汉，发展自己的势力，为李家后来的起义奠定了坚实的基础。他的长子李建成也是暗结势力，当时隋炀帝只顾享乐，李渊成了隋朝实际上的最高统治者。隋炀帝不管百姓死活，只顾自己享乐的残暴统治，使得阶级矛盾越来越尖锐。众多的农民纷纷起义，隋朝的统治摇摇欲坠。公元611年，各地起义军愈演愈烈，有的隋军割据一方，隋朝名存实亡。李渊看着天下局势动荡不安，逐渐产生了取而代之的想法。公元617年2月，马邑人刘武周起兵，杀了太守自称天子。李渊打着讨伐刘武周的名号到处招兵买马，没过多久，李渊的部队就有了近万人。李渊的行为引起了忠于隋炀帝的副留守王威和高君雅的怀疑，于是，李渊除掉了二人。并宣布自己大举义兵，李渊与突厥和亲得到了突厥的支持。在公元617年6月正式起义。李渊起义后就过上了不断征战的生活，经过重重磨难，最终攻入了长安，但李渊并没有称帝，为了不被认为是叛军而选择立隋代王杨侑为皇帝即隋恭帝，改元义宁，遥尊炀帝为太上皇。但实权却在李渊的手中。

在公元618年5月，隋炀帝被他的右屯卫将军宇文化及和司马德勘杀死。隋炀帝死后，李渊逼隋恭帝禅位，自立为王，并册封了他的儿子们，李氏王朝正式成立。李渊即位后铲除了刘武周、李密和王世充等一系列反叛军队，使李家王朝的关中势力得以稳固。为李王朝祛除威胁之后，李渊开始励精图治，在政治上实施了一系列措施，保证了人民生活富足。

在李渊刚建唐朝时,各项制度都沿袭了隋朝,直到公元624年才确立了严密的政治制度。首先,在中央实行了三省六部制。三省六部各司其职,互不干扰。三省分别为中书省、门下省、尚书省,中书省的负责人是中书令,整个部门负责起草国家政令;门下省负责人是侍中,负责审核中央政令;尚书省负责人是尚书令,负责执行国家政令。六部分为吏、户、礼、兵、刑、工。各部长官都称尚书,属于尚书省。

其次,实行了租庸调制和均田制。使农民休养生息,生活富足。

第三,实行府兵制。府兵制是由西魏宇文时期沿袭下来的,是一种兵农合一的制度。兵士闲时在家由兵府加以训练,战时随军出征,既不耽误生产,也保证了军队的需要。这种"寓兵于农"的制度使练兵权和统兵权分离,防止了将帅拥兵自重,而且节省了经费开支,并为加强国家集权起到了很大作用。

第四,实行科举制。科举制使唐朝的人才选拔制度更加公正公平,不再凭借门第入官而是根据真才实学。科举制为唐王朝选拔了很多人才,而且唐朝不以门第为标准的选才制度,也为他们得到了许多人才,唐朝大将薛仁贵出身低微,但为唐朝立下了汗马功劳,因此得了朝廷的重用。

第五,制订《武德律》。从其内容上看,相较于隋朝刑罚减轻了,但是对人民的反抗制裁更加严酷。

在唐王朝前期,李渊一直是个好皇帝的典范,但他毕竟是个封建帝王,同样也过着奢靡的宫廷生活。在他统治后期,由于宠信奸臣,错杀大将刘文静,赏罚不分,使统治阶级内部矛盾和斗争加深。在统一全国后,李渊产生了骄傲自满心理,对朝事越来越不关心,致使太子李建成和秦王李世民为争皇位明争暗斗,导致了玄武门之变的发生。玄武门之变后,李渊被迫立李世民为皇帝,自己提前退位,成为太上皇,李渊深知大权已在李世民手中,也就不再干预朝政,自得其乐地过上了太上皇的生活,他的这种做法对稳定朝纲有很大的作用,也为李世民的统治减少了很多阻碍。

贞观九年也就是公元635年五月,李渊病重而死。从此,李渊统治唐朝的时代彻底结束了。

一代名主李世民

人物名片

唐太宗李世民（公元599年~649年），唐王朝的第二代皇帝。其父自然是唐朝的开国皇帝李渊，也就是世人口中的唐高祖，他的母亲则是太穆顺圣皇后——窦氏。李世民于公元626~649年在位，谥号"文皇帝"，庙号"太宗"。李世民在位期间，勤于政务、广开言路、爱民如子，因此受到了天下臣民的拥戴与赞扬。在他的领导下，经过一系列有效的改革措施，使得唐朝的政治、经济、军事以及文化得到了迅速的发展，从而形成了历史上有名的"贞观之治"，李世民也因此挤入了历史上少有的名主贤君的行列。

人物风云

隋文帝开皇十八年十二月二十二日，武功(今陕西武功)的一座李氏"别馆"内，在一阵呱呱坠地的哭声中，迎来了一个不平凡小生命，即日后名扬天下的李世民。作为世代显赫的将门之后，李世民在家庭尚武习俗的熏陶下，自幼便养成了"善于骑马，好弄弓矢"的习惯，

练就了一身非凡的技艺。此外，他还喜爱浏览兵书，诵读战策，少时便将《孙子兵法》熟记于心，并且能够运用孙子之言与李渊讲论用兵布阵的策略，因此，深得老父亲的喜爱。

随着他一天天地长大，隋王朝也一步步地走向了衰亡。早有灭隋之心的李渊看到时机已经成熟，也开始悄悄地密谋策划，准备起兵反隋。而此时年轻有为、善于谋略的李世民，成了父亲李渊最得力的助手。他参与了起兵的全部密谋与决策活动，帮助父亲做了大量的组织与发动工作。他一方面积极地协助父亲招募军队、集结力量，另一方面遵照父亲的意愿，巧妙地利用各种关系和手段，为自己结交了大批英雄人物。大业十三年五月，当各个方面的准备工作完成之后，李世民协助父亲李渊除掉了当时隋炀帝派来监视他们的亲信，并且，在晋阳正式宣布起兵，拉开了推翻隋朝统治的帷幕。

就在大业十四年，李渊终于推翻了隋朝的统治，如愿以偿地建立了大唐王朝。唐王朝建立之后，李氏父子的首要任务就是，打败群雄，彻底统一全国。但是，这个时候，李渊已经称帝，自然不宜亲自挂帅出征，而皇太子李建成也需要留在在京城协助父皇处理各项政务。能够扛起这个统一重任的，似乎只有秦王李世民一人。而李世民也没有退缩，毅然地接下了这副重担。

李世民分析要完成统一大任，就必须消灭薛举、刘武周、王世充、窦建德等军阀势力和农民军势力。但是，当时这些人的势力依然十分庞大，想要彻底消灭绝非一件容易的事情。于是，李世民开始招兵买马，广纳贤臣，与"叛军"斗智斗勇，历经4年多的努力，终于平定了所有的叛乱，统一了大唐王朝。

李世民由于统一全国，功勋卓越，在军队与百姓中建立了极高的威望，并且，他的权利也逐渐地扩大，其政治地位和军事地位也都跟着迅速上升。不仅大量的军队被他掌控在手中，而且，宰相之职也被他收入囊中。于是，他在唐王朝的上层统治集团，尤其是李氏兄弟中，占据着一个特殊的地位。此外，李世民还在晋阳起兵与统一全国的战争中，利用自己特殊的地位和条件，将大批的谋臣良将收于麾下，逐渐形成了一个以他为核心的政治集团。而拥有了这个文武兼备的政治集团之后，李世民慢慢地产生了觊觎帝位的野心，特别是在统一战争结束之后，他争夺皇位继承权，荣登皇帝宝座的图谋变得更加强烈与迫切起来。

最后，李世民终于禁不住欲望的诱惑，在武将尉迟敬德、侯君集与谋臣长孙无忌、杜如晦及房玄龄等人的协助下，于武德九年六月初四日，在宫城北门玄武门设下了众多伏兵，趁太子李建成与齐王李王元吉入朝，没有任何防备的情况下，发动了残酷的政变，杀害了自己的亲兄弟李建成与李元吉，夺得了皇位继承权。两个月以后，皇帝李渊被迫退位。武德九年八月，李世民继承王位，成了唐朝的第二代皇帝，史称唐太宗，时年29岁。第二年正月，改年号为贞观。从此，李世民开始了他作为君王的政治生涯。

李世民即位之后，首先面临的重要问题就是朝中稳定局势，尽快地建立以自己为核心的最高领导集团。为此，他采纳了尉迟敬德提出的"杀人太多，不利于天下安定"的建议，对朝中所有大臣，采取了宽大安抚的政策，即使是东宫的属僚，只要有真才实学，他都委以重任。如此一来，统治集团内部的矛盾得到了很好的缓和。

当朝内局势基本稳定之后，李世民又开始对老父亲在位时的宰相班子进行整顿，并逐步建立起了以自己为核心的最高决策集团。在这个集团当中汇集了当时最杰出的人才，比如，温彦博、王珪、魏徵、戴胄、侯君集等，在政治上显现了明显的朝气与进取精神，为李世民进一步励精图治，施展雄才伟略，奠定了坚实的基础。

因此，在李世民与众大臣的努力下，没过多久，整个中国就迎来了那"前无古人，后无来者"的贞观之治。在这段时期内，李世民以身作则，执法如山，坚决打击贪污受贿、作奸犯科的行为。他的行为对中央及地方政府，都起了积极的影响与作用，促使社会逐渐地形成了奉公守法、勤俭为公的良好风气。社会环境安宁稳定，朝廷官吏清正廉明，就连王公贵族也不敢违法乱纪，欺压百姓。

李世民在致力于政治与法度的建设中，也没有社会经济的恢复与发展。当时，由于战争长期连连不断，再加上自然灾害的影响，整个社会的经济萧条、百姓生活困苦。面对这样的困境，李世民一方面大力倡导戒奢崇简，开源节流，另一方面积极减免赋税，推行与民休养生息的政策，使得百姓得以逐步恢复生产，重建破碎的家园。

大多数的圣君贤主似乎都有一个通病，那就是在继位前期勤廉为政、爱民如子，社会太平，百姓安居乐业，而到了后期就开始骄傲自满、穷奢极欲起来。唐太宗李世民也没有逃脱这个"怪圈"。在贞观盛世的成功面前，他自认为在文治、武功及怀远三个方面都超越了古人，于是，骄傲自满的情绪开始滋长，思想与行为也逐渐发生变化。原本引起为戒的"隋亡教训"也被他抛在了脑后，封建帝王的贪欲与专制本能，在他身上体现得越来越明显。

在贞观中后期，在宫廷生活上，李世民追求奢华，大兴土木，宫殿营造得越来越多，老百姓的役负担也不断加重，被迫服役的百姓数不胜数。在任用贤臣方面，他也不像贞观初期那样，唯才是举，以德行学识为先了。各个勋亲子弟开始充塞于朝廷内外。在兼听纳谏方面也大不如从前，逐渐地厌恶直言、不悦人谏。有的时候，即使勉强听从谏言，其内心也是不愿意接受的。

在贞观中后期，唐太宗李世民与大臣之间的关系也发生了很大的变化。他不再像从前那样信任大臣，重用贤臣，而开始疑忌大臣，并且，这种猜疑心理越来越严重，尤其是在贞观后期，对大臣动不动就问罪惩罚，轻则贬黜，重则杀戮，甚至连尉迟敬德、房玄龄这样辅佐他登基的功臣们，也没有幸免。

在贞观后期，唐太宗李世民还做了两件非常愚蠢的事情：两次讨伐高丽与过问起居注。由于他没有认清形势，连续两次发动讨伐高丽的战争，结果不但全部以失败而告终，还激化了国内的阶级矛盾。在中国古代的历史上，史官在朝廷中一直占据着特殊的地位，肩负着神圣的责任：秉公直笔，如实记载，不虚美，不隐恶，即使是皇帝也没有权力干涉。所以，历朝历代的帝王们是不会查看史官记载的起居注的，以便保证史官们能够无所顾忌地执行自己的责任。这是先人们留下来的良好传统与习惯。但是，李世民却打破了这个传统，开了恶劣的先例，致使此后的唐代帝王纷纷效法，严重地影响了史官们的工作。

虽然唐太宗李世民算是一个好皇帝，在前期曾经建立过卓越的功勋，值得我们肯定与赞赏。但是，在贞观后期，由于他频繁发动战争，导致徭役和兵役的征发空前严重，社会矛盾日益激化，百姓又重新沦入水深火热中，这也是应该受到责备与批评的不争事实。并且，晚年的李世民，由于疾病缠身，久治不愈，竟然产生了乞求长生不老的迷信思想，迷恋上了方士炼制的金石丹药。终于，在贞观二十三年五月，他自食恶果，因为服用过多的金石丹药而中毒暴亡。就这样，一代英主命丧于"长生不老药"之下，享年52岁。

空古绝今的女皇武则天

人物名片

武则天（公元624年~705年），字曌，别名武媚娘。中国的历史文化经历了5000年的洗涤，历史记载共有400多位皇帝，但其中只出了一位真正的女皇帝，那就是距今已有 1200 多年的武则天。武则天是唐朝开国功臣武士彟的第二个女儿。封建社会对女子的歧视我们耳熟能详，但身为女儿身的武则天竟然统治了唐王朝长达半个世纪，这期间她弃用酷吏、任用贤臣，在经济上还提出薄赋敛、息干戈、省力役等主张以保障农时。所以至今历史上对她的评价也是褒贬不一。

人物风云

武则天的父亲名叫武士彟，在贞观年间曾做过荆州都督、工部尚书（正三品），被册封为应国公。武则天的母亲杨氏出身名门，是隋朝宗室宰相杨达的女儿。武则天的家庭出身虽然不是特别显贵，但也绝对与没落沾不上边。这种出身对她日后的发展与一生的政治性格产生了深远的影响。

武则天的母亲是她父亲的第二房夫人，在她年少时，是跟着父亲在今天的四川广元度过的。在公元 635 年，她的父亲去世，从此武则天和她的母亲及姐妹过上了受兄长排斥欺负的日子。在她的父亲去世一年后，武则天因美貌被召入宫。当时她年仅 14 岁，入宫后唐太宗为她赐号武媚，她也的确妩媚动人，但是由于性格阴狠刚烈，并不是很受宠，入宫十二年没有生育，也没有晋升，在宫中白白浪费了她最美好的年华，但是，这也是武则天登上政治舞台的很重要一步，而且在此期间，武则天与李治产生了感情。然而，事不逢时，公元 649 年，唐太宗去世，武则天被迫削发为尼，进入感业寺。难道武则天就这样在感业寺度过余生吗？怎么可能？说来也巧，在太宗周年忌日时，她又遇上了来上香的李治。两人旧情复燃，李治不顾规矩，把已经 28 岁的武则天接入宫中，从此，武则天转运了，李治可以说是武则天取代李氏江山的最大帮手。

武则天此次入宫是借助当时争宠的王皇后和萧淑妃的争斗，王皇后为排斥萧淑妃而力主武则天进宫，她却没料到自己亲手把敌人安排到了自己身边，武则天进宫不仅夺了萧淑妃的宠爱，甚至把王皇后也排挤出去了。唐高宗共有十二个儿女，后面六个全是武则天所生。武则天进宫后开始了她处心积虑的计划，设计把皇后的位置抢到了手里。并且借高宗的宠爱越来越骄纵跋扈。她成为皇后之后开始折磨以前的对手，把王皇后和萧淑妃剁去双脚泡在酒瓮中折磨至死。要不说最毒妇人心，这时的武则天开始了她的报复行动。武则天的出身使她明白权力是个很诱人的东西，要想不任人宰割，就得成为最高统治者。于是，干涉朝政，涉足皇权，成为她以后的目标，并笼络大臣，排除异己，长孙无忌就是她第一个要排除的人，高宗曾因不满她的作风和大臣上官仪密谋废后，武则天知道后除掉了上官仪，从此朝中再无人敢与她作对。

武则天为了以后把持朝政，制定一系列制度，并为自己选拔了专用的人才，狄仁杰就是她当政时得力的助手。她为了登上王位不惜对自己的亲生儿子下手，先后杀死李泓和李贤。又废除了李显。

她立李旦为帝，但是不准他参与任何政事的处理，自己亲自临朝专政，把持一切。由此李家王朝拉开了"改名换姓"的帷幕。

她把东都洛阳改名为神都，以便作为她未来的京师。她追封武氏祖先，改百官的名称，当然她的行为引起了很多不满，各种反对武则天的义旗高举，但都被她镇压。武则天为了给自己成为女皇奠定基础，册封自己为"圣母神皇"。

终于，在公元690年的重阳节，67岁高龄的武则天实现了她的女皇梦，自称为"圣神皇帝"，以十一月作为每一年的开始，改旗帜为尚赤，改元天授，建立了红极一时的大周王朝。武则天登基之后，为了稳固自己的地位开始实行严酷刑罚，排除异己，利欲熏心的她不听任何劝阻，只要敢有对她不满的人都立即除去。不过，武则天在她统治的初期，也确实做了一些利国利民的大事，但在后期便开始了奢靡的宫廷生活，养男妓，以供自己取乐。并且这些男妓利用她的宠爱做出了很多坏事。如果不是有狄仁杰、徐有功、杜景俭、李日知等贤臣帮助她，那武则天将受到更多的骂声。

武则天日渐年老，本想把江山传给武家的后人，无奈众位大臣极力反对，而且武家终归不是名正言顺，所以，最后她还是把江山交还给了李家。

公元698年初，武则天派人秘密地把庐陵王李显接回洛阳，李旦非常知趣地请求退位，李显被复立为太子。在武则天晚期非常宠爱张宗昌和张易之，二人利用权势为非作歹，引起了众大臣的不满。公元705年的正月，经过大臣们一段时间的周密策划后，由宰相张柬之等人领导发动了反对二张的军事政变，二人死后。病床上的武则天被迫退位，唐中宗复位，李唐政权再度恢复。

在正月二十五日，武则天被迫离开了象征她女皇地位的皇宫，搬到了洛阳城西南的上阳宫。中宗为了抚慰武则天称她为"则天大圣皇帝"。武则天无法忍受失去至高权力的悲痛，心情非常差，精神萎靡不振，已是风烛残年的身体彻底垮了。公元705年11月2日，82岁的武则天凄惨地死在上阳宫的仙居殿。临终留下遗嘱：要废除自己的帝号，称则天大圣皇后；和高宗合葬在一起；下令赦免了王皇后、萧淑妃家族以及褚遂良、韩瑗、柳奭的亲属。被她的酷吏陷害的人在她临退位时已下令进行了赦免。

武则天的谥号一再变化，唐睿宗即位后，改称她为"天后"，公元710年再次改为"大圣天后"，延和元年即公元712年又追尊为"天后圣帝"，不久之后又改为"圣后"，唐玄宗即位后，开元四年即公元716年，又改谥号为"则天皇后"，天宝八年即公元749年，最后定谥号为"则天顺圣皇后"。这些谥号的变化表明了，武则天一直受到李姓子孙的尊崇。

武则天死后神龙二年即公元706年1月，武则天的灵柩在唐中宗李显护送下运回了长安，并与唐高宗合葬在乾陵，临终叮嘱儿子李显为她树碑但不要立传，她的褒贬自有后人评论。

懦弱无能的唐中宗李显

▶ 人物名片

李显（公元656年~710年），原名为李哲，是唐高宗李治的第七个儿子，他是武则天被册封为皇后之后为高宗生的第三个儿子，武则天原指望这个儿子能够稳固她在后宫的地位，却不料他性格懦弱，无才无术，可能因为他有一个强势的母亲，才导致了他懦弱的性格。他曾前后两次当政，一共在位七年，享年55岁，死后葬于位于今陕西省富平县西北15里的凤凰山的定陵。

人物风云

永隆元年即公元 680 年 8 月，他的哥哥李泓被杀之后，李贤被废为庶人。按长幼的次序，当时被封为英王的李哲（显）被立为皇太子。这个时候，唐高宗的身体越来越差。在次年七月，唐高宗为防止江山被窃夺，特意任命裴炎为侍中，负责宰相的职务，辅佐太子李显监国。

李显的一生可谓是十分悲惨，空有皇帝的称谓却因亲生母亲从未行使过皇帝的权力，他和唐高宗一样受尽武则天的摆布，只因一句话被废除为庐陵王，慢慢地李显明白了母亲的心狠手辣，惶惶不可终日，幸亏有妻子韦氏的劝解，在房州度过了十八年的幽禁生活。在公元 698 年 3 月，庐陵王李显被武则天秘密接回东都洛阳。同年九月，武则天为了稳固政治的需要，重新立李显为太子。

虽然李显复位，但是，李武两家对皇位的争夺并未消停，并且武则天的男宠谋朝篡位的可能性极大，于是，在宰相张柬之的带领下，将武则天的男宠张易之与张宗昌杀死，武则天也被迫退位。

公元 705 年 25 日，唐中宗登基。从此，开始了萎靡不振的统治时期。

唐中宗虽然说是一个昏昧懦弱的君主，但是由于有张柬之等一批贤臣的辅佐，新朝廷也很快走上了轨道。然而武则天统治时期的余波未平，使得唐王室复兴的前途仍很迷茫。由于武则天的统治把女性对权力的渴望激发了出来，使后世的女人开始追逐权力。高宗和武则天的例子，在唐中宗这里又如法炮制了，由于中宗的懦弱，皇后韦氏本来也是个争强好胜的女人，于是外戚干政的时代又到来了。

李显登基后，皇后韦氏开始千方百计为自己娘家创造便利。由于被幽禁的生活无比难过，韦后一旦翻身就开始为自己争取最大的利益，追求奢靡风华的生活，随心所欲，架空中宗，干预朝政。先是追封她的父亲韦玄贞为上洛王，后来又改为邦王，并为父亲建庙称为"褒德陵"，对这种越轨的行为，朝臣们敢怒而不敢言。随后，韦后又让中宗，封她的堂兄韦温任鲁国公礼部尚书，韦温的弟弟韦胥任曹国公左羽林将军，又令成安公主嫁给韦胥的儿子韦捷。韦氏一族的势力开始逐渐膨胀起来。

然而，韦后并不满足与此。为了追求身体的欲望，她与武三思勾搭成奸。甚至想效仿武则天成为第二个女皇帝，可是她没有武则天的才智，有的只是昏暴。武三思因为与韦后的奸情，转而成为了操纵中宗的"真天子"。以武三思为首的武氏一族的再度露出头角，令朝廷上下人心惶惶。张柬之等一众大臣很清楚，这时中宗的诏命，实际上都是由武三思在背后操纵。为了维护李家江山，他们秘密入宫晋见中宗，请求诛杀武三思及一系列威胁江山的人。然而，每次晋见，中宗都不发表任何意见。

因为中宗的妇人之仁，致使张柬之等忠臣遭受了武三思的毒手，朝廷政事完全由武三思掌控，朝中再也没有人敢反对武三思，从此开始了武三思无法无天的时代。武三思能得到中宗和韦后的信任得益于上官婉儿，上官婉儿因为有才情被中宗留在了宫中继续担任秘书的职务，但迫于韦后的压力，中宗对这位美人不敢有任何冒犯，武三思与上官婉儿一直有奸情，后来上官婉儿提出建立自己的府邸，上朝期间到宫中，下朝之后回自己的府邸。原来在遥远的唐朝就已经有了朝九晚五的这种上班模式。

中宗对武三思的信赖一点不少于对韦后的信赖。宫中常有这种情况发生：韦后和中宗并排听政回宫后，韦后便和武三思在皇帝的龙床上下棋嬉笑玩耍，而中宗只是在一旁观战，没有一点皇帝的尊严。由于武则天的影响，中宗的儿女们也是女强男弱的形势，他的安乐公主甚至要开"皇太女"的先例。安乐公主和长宁公主大肆修建住宅，生活无比奢靡淫乱，甚至买卖官位，收取贿赂。

由于中宗朝的奢靡之风，使辉煌的唐帝国元气大伤，一直虎视眈眈的突厥和吐蕃开始侵扰大唐。中宗为了保全国家采取了和亲的方法。唐朝国势日危，中宗却还不觉醒，仍然与韦后沉迷于享乐奢靡中。一度萎靡的太子李重俊幡然醒悟，为了唐朝的江山他开始采取行动，杀死了武三思保住了太子之位。但是却被上官婉儿设计害死，太子之位落入中宗小儿子重茂的手中。安乐公主想当皇太女，韦后为了扶持自己的男宠竟然下毒害死了中宗。

中宗死后，16岁的小儿子温王重茂登基，是为少帝，年号为唐隆。韦后以太后身份垂帘听政。其实，实权还掌握在韦后手中，少帝只不过是一个傀儡而已。韦后想称帝，可是，相王李旦和太平公主以及李旦之子李隆基是她的大障碍，于是，她便想把威胁都清除掉。

在此危急关头，李隆基发动了早已串通好的"万骑"兵，突袭后宫，杀死了做皇帝梦的韦太后、安乐公主、武延秀等人。经过这次政变，韦氏集团全部被消灭，武氏集团也只剩下少数人，也成不了大气候。最后，太平公主出面支持大局，扶持高宗第四子李旦再登皇位，尊称为睿宗。

风流天子唐明皇

人物名片

李隆基（公元 685 年～762 年），唐睿宗李旦的第三个儿子，母亲是窦德妃。谥号为"至道大圣大明孝皇帝"，所以史称为"唐明皇"。李隆基在位期间开创了中国历史上的最为鼎盛的时期，史称"开元盛世"。玄宗多才多艺，通音律，善书法且仪表堂堂。玄宗在公元 712 年即位和改元，年号为先天，后又改为开元，最后再改为天宝，756 年退位，一共在位 45 年，驾崩于神龙殿，享年 78 岁，大臣尊其谥号为大圣大明孝皇帝，庙号玄宗，葬于泰陵。

人物风云

唐玄宗李隆基登基后，鉴于中宗时期世风奢侈糜烂，于是，下令将已制成了的车驾服饰、金银器物，换成钱财，以供国家和军队用。其中制好的珠玉锦绣衣饰，在殿前当众焚烧掉，比皇后和妃子身份低的人，都不可以服用，并下令规定文武百官所穿的服饰和所用的酒器马具应遵循以下原则：百官中官衔在三品以上的可以用玉装饰，四品的官员用金装饰，五品官员用银装饰，其他官员均在不得有奢靡之风，妇人的装饰跟随她丈夫和儿子。从今以后，天下臣民都不能再采购珠玉锦绣等奢侈物品，并取缔东、西两京制造奢侈品的作坊。但是，后来皇上听信了胡人的话，为了奇珍异宝命令监察御史杨范臣去海南地区搜寻。杨范臣上奏说："陛下您前年曾下令烧掉所有的珠玉锦绣，以表示今后不再享用的决心，可今天所寻求的奇珍异宝和当时所焚烧的有什么不同呢？臣作为天子的耳目喉舌，如果有军国大事要臣效力，那臣是万死不辞。但这些只不过是胡人迷惑皇上，向皇上献媚讨好罢了，对您修养圣德没有什么好处。"皇上听了觉得说的有理，马上表示悔悟，并对杨范臣好言慰藉了一番，打消了为寻求珍宝而冒险的念头。自此之后，胡人不敢再胡乱进言了。

唐玄宗在做藩王的时候，生有三子分别是太子李瑛、鄂王李瑶、光王李琚。即位后，临幸武惠妃，又生了寿王李瑁，由于丽妃等人年老色衰，不再受宠爱。太子李瑛与光王李琚，觉得母亲被冷落，不免为各自母亲抱不平。惠妃借此经常给李瑛和李瑶打小报告。李隆基大怒，想把他们全部废掉。张九龄劝谏道："陛下治国已经很久了，子孙藩衍昌盛，天下人都为您感到庆幸。如今三位皇子没听说有什么大错，为什么有一天竟因无妄之谈要废掉他们呢？何况太子是天下的根基，不能轻易动摇，如果陛下非要这么做，老臣不敢遵命。"皇上听了，心里很不高兴。惠妃却暗地里打发宫人对张九龄说："有废就一定有兴，如果您做我们的帮手，宰相就可以当一辈子。"张九龄严厉叱责了惠妃，并把她的原话禀告给皇上。皇上才明白其中道理，因此，一直到张九龄告老还乡，太子之位也没有变动。但后来天，杨洄造谣说太子、鄂王、光王暗中对皇位图谋不轨，皇上召见宰相商量如何应对。李林甫回答说："这是陛下的家务事，应该由陛下自己决定。"明皇这才下定决心，派宦官去宫中宣布他的圣旨，把太子等人废为庶人，不久又赐死了他们。人们都为李瑶与李琚的死惋惜不已。

李隆基好音律，才情很高，因此也非常风流。兴化县的秀才江抑之年过三十膝下无子，后去水祠祈祷得到一女，从小聪明伶俐好诗书，生得美丽动人，名唤采苹。高力士奉唐明皇的旨意到民间广寻美女，听说了采苹的美名，便下聘礼把她迎入宫中。

采苹才16岁，而且花容月貌，天下无双，玄宗一见到，便龙颜大悦，赏赐她的父亲江抑之黄金千两，彩缎百段，让他带回家去快乐一番。采苹深得唐明皇的宠爱，因她酷爱梅花因此被赐为梅妃。梅妃也善于吹玉笛，临风而吹，美妙的声音出自玉笛，清越的节奏合乎于宫商，缠绵的泣诉如孤舟的寡妇，激越的舞蹈像深壑的潜蛟，唐明皇龙颜大悦，立即召来诸王子饮酒。王子们上奏说：

"臣子此前听见了一阵笛声，六音清妙，真好像是此曲只应天上有，人间哪得几回闻。"明皇说："此曲乃是朕的梅妃所吹奏的，这个妃子是个花神啊！歌舞音律都非常美妙，今日让诸位兄弟见识一下。"接着便命令梅妃跳舞，梅妃于是领旨起舞，只见红扇与云彩相符相合，衣襟在霞光的笼罩下，姿态横生，与檀板的节拍相呼应，"蝴蝶翩翩而迷花丛，江燕流连而戏柳絮"，这样形容梅妃的舞姿一点也不过分。唐明皇命令梅妃给宁王敬酒时，被宁王误踩了鞋子，不高兴就回宫了。宁王因为此事吃不安，睡不宁，后来唐明皇的宠臣杨迥给他出了一个主意，让他光着膀子觐见唐明皇认罪，明皇笑道："朕怎么能为了倾国之美色而不顾兄弟之间的情谊呢？何况事情是无意的，朕不会放在心上的。"杨迥乘机把杨玉环推荐给唐明皇，唐明皇立即下令召杨玉环入宫，杨玉环在这方面和武则天有一比，都同样侍奉了李家父子二人。

唐明皇可真是个风流天子，连自己的儿媳妇也不放过。他抢了自己的儿媳妇杨玉环为妃，并对她万般宠爱，甚至连梅妃都失去了宠爱。杨玉环入宫后与梅妃争风吃醋，最后把圣宠积在自己的身上。杨玉环整天与唐明皇在一起过着奢靡淫乱的生活，后期唐明皇不理朝政，只顾寻欢作乐。杨玉环生性水性杨花，不久便于安禄山厮混到一起，给唐明皇这个风流皇帝扣上了一顶绿帽子。唐明皇后期生活也极端奢靡，最终爆发了安史之乱。虽然安史之乱最终被平息，但是，此后，唐朝却进入了藩镇割据的局面。

"苦命"的皇帝李豫

人物名片

李豫（公元726年~779年），汉族，初名李俶。李豫，唐肃宗李亨的长子，唐肃宗被李辅国害死之后，李豫登基，即唐代宗。唐代宗在位18年，终年53岁，葬于元陵，谥号"睿文孝武皇帝"。他在位期间，平定了安史之乱，但是未能够藩镇割据的局面。

人物风云

李豫，即肃宗长子，在5岁的时候，肃宗下诏册封李豫为广平王，说起来李豫也是一个"苦命"的皇子。在逆贼安禄山叛乱之后，他就跟随肃宗去了灵武，招集军队，肃宗给予李豫天下兵马大元帅的头衔，诸位大将都要隶属于元帅府。当时，肃宗才继位不久，政权不稳，朝廷内部更是兵弱将寡，财库亏空严重。自小就懂得以礼待人，以德服人的李俶，躬身下士，招兵买马，不久就招兵数万人，肃宗见状，赞不绝口。当时，安禄山的大军兵临城下，眼看就要攻克长安城，叛军声势浩大，气势如虹，唐将闻风丧胆，没有一个敢出城与叛军交战。小小年纪的李俶，自动请缨，组织勇士力阻叛军，在与叛军的多次交锋中，大败叛军，士气为之大振，战争出现了转机，肃宗龙颜大悦。不久，回纥王子率领大军援助唐军，李俶和他结拜成为兄弟，两人联手进击叛军。公元757年，李俶、郭子仪等人率领军队及回纥、西域大军总计15万人，有凤翔出发，攻克长安，大败叛军。在李俶攻入长安之后，立即下令，将士不得欺压百姓，并对百姓进行安抚，受到长安百姓的敬仰。在唐军攻占长安之后，李俶又率领军队攻克洛阳，叛军守城安庆绪抗不住压力，弃城逃跑。大捷的消息传到肃宗的耳朵里，肃宗欣喜若狂，以有这样的儿子而感到无比的荣耀，回京之后，立即下令册封李俶为楚王。乾元元年，李俶又晋封为成王，不久立为太子，改名李豫。

上元末年，唐肃宗驾崩，李豫即皇帝位，即唐代宗。

李豫即位之初，叛将史思明被人杀死，他的儿子史朝义占据洛阳，就攻不下。代宗即位之后，再一次向回纥请求援助，与此同时，任命长子李适担任天下兵马大元帅一职，攻打洛阳。唐军和史朝义在洛阳北郊展开激战，叛军史朝义大败，叛军的大部分将领多都投降了。第二年，史朝义自杀，安史叛乱也至此告一段落。

唐军收复洛阳之后，回纥军犹如土匪一般，烧杀抢掠，残害百姓。可是，滴水之恩，当涌泉相报，唐代宗为报答当年相助之情，一再迁就回纥，企图通过忍让来换取和回纥的友好关系。

安史之乱平息之后，唐代宗总算是松了一口气。公元763年，改元广德，本着以仁德治天下的宗旨，大赦天下，叛军旧将、亲族一律不予追究，各级官吏封爵加官。谁知一时心软酿成大错，安史旧将一度成为唐朝节度使，藩镇割据势力再度横行朝野。尤其是成德、魏博、幽州三镇的势力最强，成了唐后期最大的藩镇割据势力，叫做"河朔三镇"。

而唐代宗呢？不仅不去镇压这种不正之风，还给予"三镇"很高的待遇，对待其他的割据者也是睁一只眼闭一只眼，得过且过，这就更使得割据者肆无忌惮，这些人"虽称藩臣，实非王臣"，几乎达到了与皇帝平起平坐的地位，在政治、军事和财政上面都是完全独立于朝廷的，实际上已经成为独立的封建王国。割据势力的膨胀，成为了中央政府最大的威胁。由于唐中央政府的腐败和唐代宗对藩镇的姑息，中央的实权越来越少，皇帝成了一个名存实亡的头衔。

如此一来，割据者越发猖狂，称雄者也越来越多，藩镇割据的局面已经完全形成了。与此同时，吐蕃军不断侵扰唐朝边境，唐代宗不得不抽调主力到京西抵制吐蕃秋季的入侵，历史上称作"京西防秋"。

此后，吐蕃连年入侵，战争激烈，消耗了大量的人力、物力、财力，唐代宗在凤翔、泾州、邠州、渭北等地设置节度使，重兵防守，用来抵御吐蕃军。

广德二年，唐将仆固怀恩生反叛之心，招致西域吐蕃、回纥等部进攻长安。唐代宗任命郭子仪率领军队御敌。郭子仪英勇善战，骁勇杀敌，连连报捷。不久，京师之围就解除了。

大历二年，吐蕃侵入灵州境内，紧接着兵逼邠州，唐代宗任命郭子仪率师御敌，同年十月，唐军击败吐蕃军，京师才得以平安，不久，郭子仪班师回朝。第二年11月，吐蕃再一次入侵灵武、邠州、灵州等地，郭子仪率军抵御，大败吐蕃军，大捷消息传至京城。唐代宗喜形于色，沉浸于暂时的胜利之中。

大历九年，唐代宗任命郭子仪大阅兵师以抵抗吐蕃的再一次进攻。不久，代宗又下旨为防备吐蕃，各地出资备边，来供防秋之用。

在唐代宗在位的这段时间，对于吐蕃的入侵虽采取了一些预防措施，但因节度使各自独立，根本没有办法驾驭，中央下达的政策不够完善，根本解决不了实际问题。纵观朝野，大唐和吐蕃的连年战争，一直胜负未分，这对于双方的消耗都很巨大。此后，西域吐蕃渐渐走向衰亡，大唐也日趋衰弱。

安史之乱平息之后，代宗以为就可以万事大吉了，殊不知，危机已经慢慢在向他逼近。

唐代宗面临着外患、内忧的双重威胁。外患已经解决，那么内忧又是什么呢？

唐代宗因为得到宦官李辅国、程元振等人的拥立才可以坐上皇帝的宝座，即位之后对宦官李辅国和程元振二人更是宠信有加。李、程自恃有功，居功自傲，越发专横，渐渐对代宗的政治统治形成了威胁。

代宗即位初期，李辅国自命有功，善用专权，竟然狂妄到不把皇上放在眼里，对代宗出言不逊。代宗很不高兴，但又因为李辅国兵权在握，也只能是一忍再忍，表面上以礼相待，尊称李辅国为尚父，不久，又晋升为司空、中书令。程元振也任左监门卫大将军的职务。李、程二人利用专权作威作福，权倾朝野，排斥异己，代宗也只能是睁一只眼闭一只眼，很是无奈。

李、程二人虽同朝为官，总免不了钩心斗角。程元振曾暗地里向代宗表示要惩治李辅国，代宗一听，甚是高兴，心想机会终于来了，立即下旨解除了李辅国行军司马的职位。继而，代宗又和元振秘密商议，派牙门将暗杀了李辅国。

李辅国被杀之后，程元振晋为骠骑将军，独揽兵权，专政自恣。

广德元年秋，吐蕃兵入侵关内，攻占河西陇右地区。地方官员连连上书告急，都被程元振拦截下来。一直到吐蕃兵攻克泾州，代宗才察觉到事有蹊跷，不得不再一次任用郭子仪。

唐代宗出奔陕州是，曾多次下令征集各道兵马，节度使个个对程元振恨之入骨，无一应诏，就连李光弼也是勒兵不赴。护驾的大臣，又害怕程元振，不敢弹劾，仅有太常博士柳伉给皇帝上书，请求斩杀程元振，以谢天下。可是，代宗心肠软弱，因为感念程元振曾有拥立之功，只是削夺官爵，回乡颐养天年。

唐代宗在位期间，宦官专权成为主流。其中，鱼朝恩也是一名专权用事的宦官。

鱼朝恩专权，势倾朝野，专横跋扈，后来，被代宗秘密缢杀。

李辅国、程元振、鱼朝恩三人都是宦官，他们因为得到代宗的宠信，就恃宠横行，干预政事，之所会这样原因就在于代宗太过优柔寡断。在宦官之势权倾朝野，代宗统治岌岌可危时，代宗没有采取任何措施，只是利用朝官和宦官之间的矛盾和斗争，把宦官除掉。利用朝官和宦官之间勾心争宠来固位的斗争，构成了唐朝后期的政治特征。

大历十四年五月，唐代宗逝世，葬于元陵。谥号"睿文孝武皇帝"。

刚愎自用的唐德宗李适

人物名片

李适（公元742年~805年），唐肃宗的长孙、代宗的长子。唐朝第九位皇帝（除武则天以外）。广德二年，李适被立为皇太子。代宗驾崩之后，李适即皇帝位，即唐德宗。德宗在位26年，于贞元二十一年逝世，享年64岁。谥号为神武孝文皇帝。

人物风云

德宗登基之初，立即下旨进行改革，禁止岁贡。在生活方面德宗也非常注重节俭二字，与此同时，德宗下旨禁止官员经商，对贪污受贿的官吏更是严加惩办。

德宗即位之后，对崔祐甫和杨炎二人委以重任，任命二人为丞相，在杨炎的建议下对赋税制度进行了一系列的改革，废除以前的租庸调制，而推行"两税法。"

两税法的实行，不仅纳税面有所扩大，同时也减轻了人民的负担。纳税人的增多导致政府收入增加。两税法与租庸调法相比，是具有进步意义的。起初，两税法的是实行给百姓带来一定的裨益，但是德宗及其官员们并没将此认真的贯彻执行，渐渐地苛捐杂税越来越多，税种重复征收，人民的负担也日益沉重。

德宗即位的时候，朝廷内部党争十分激烈。朝廷被弄得乌烟瘴气，导致政局动荡,民不聊生。

李宝臣曾和李正己、田承嗣等议定,要在本镇确立传子制。大历十四年,田承嗣去死,田悦接任,李宝臣向皇帝上书,要求承认田悦的继承权,很快就得到了代宗的允许。李宝臣死后,他的儿子李惟岳继父亲的爵位,也上书请朝廷认可。但是德宗一心想要革除旧弊,毅然决然地回绝了李惟岳的请求。德宗的拒绝惹火了李惟岳,于是,李惟岳联合田悦、李正己二人,为争取传子制,出兵和朝廷作战。这算得上是对于朝廷和藩镇力量对比起着决定性意义的一场战争,但是德宗并没有做好万全的作战准备和计划,结果唐军连连战败,战争规模也越来越大。

建中二年,李惟岳的部将王武俊将李惟岳秘密杀害,投降朝廷。但是一时失败,并不能够改变割据者的野心,更不能够改变朝廷分裂已久的局面。因此,这一战争尚未平息,立刻又发生了一次激烈的战争。从此,德宗开始了流亡的生活。

在之后的几年中,朝廷一直动荡不安,战争不断,德宗任命李晟为大将军,带领大军与敌军展开殊死之战,大获全胜,屡立战功,德宗对李晟也是青睐有加。

流亡10个月之久的德宗终于又回到了长安。正所谓用人不疑,疑人不用。但是德宗生性多疑,猜忌功臣,返回长安之后,他的猜忌之心就更是一发不可收拾。西域吐蕃曾经多次被李晟击退。在吐蕃人眼里,要想取得唐国,就一定要除掉大唐良将李晟、马燧、浑瑊这三个人。贞元二年,吐蕃进攻凤翔城,口口声声说是李晟叫他们来的。对与这个十分拙劣的离间计,多疑的德宗竟然信以为真,开始怀疑李晟。张延赏也乘机污蔑李晟。这样一来,德宗渐渐疏远了李晟。第二年,德宗以和吐蕃作为借口,夺去了李晟的兵权。

李晟遭到猜忌,被德宗解除了兵权,这件事对武将来说打击都很大,宰相张延赏也因为这件事辞职,百官之首辞官还乡,对朝廷上下的影响颇大,大臣们议论纷纷,朝廷动荡不安。一直到德宗任李泌为宰相之后,局面才慢慢稳定下来。

李泌经历了玄、肃、代三朝,对于昏君的心理摸得是一清二楚,他曾是德宗的启蒙老师，所以可以诱导德宗做许多好事，清弭祸乱，李泌上任之后，就与德宗约好，不要加害有功之臣。

因为李泌说理透彻，态度和顺，为国家做了许多好事，逐渐受到了德宗的器重。在此基础之上，李泌提出了与回纥、南通云南、大食和天竺交好，来围困吐蕃的计划。贞元四年，回纥以与大唐和亲为由，表示愿意为大唐牵制吐蕃的势力。贞元九年，南诏国也脱离西域吐蕃，和唐恢复友好关系。自此，吐蕃势力日渐衰弱，再也不能够威胁到唐王朝，唐朝的政局也日趋稳定。

在政局比较稳定的这一段时期，德宗不但没有做出政绩，恶政反而日渐滋生。

兴元元年，宦官专权再一次盛行。贞元十二年，德宗任命窦文场、霍仙鸣为左、右神策护军中尉的职务。从此，宦官开始统领禁军，宦官掌管禁军成为了唐朝定制，这就为唐后来政局的动荡埋下了伏笔。

在奉天之难中，德宗饱受穷困饥寒之苦，但他却并没有从中取得任何教训，而唯独吸取了贪财的经验。回到长安之后，德宗便一心搜刮民财。德宗贪财成性，地方官员便以此来做文章，讨得他的欢心。

贞元二十一年，德宗驾崩。葬于崇陵，谥"神武孝文皇帝"，庙号"德宗"。

当太子时间最长的皇帝

人物名片

李诵（公元761年~806年），唐德宗长子，也是后来的唐顺宗。公元805年正月，李诵登基称帝。年号为永贞，死后谥号为至德大圣大安孝皇帝，被安葬在丰陵。

人物风云

对唐顺宗来说，做太子的时间要比做皇帝的时间长，在他的父亲唐德宗登基的那一年，也就是公元 779 年，李诵就被诏立为皇太子，但是到了第二年的正月才正式被册立。后来，到了公元 805 年德宗退位之后，唐顺宗正式即位。这样算算，顺宗一共做皇太子整整 25 个头，如果按照当时的习惯算，也就是 26 年。

顺宗在被册立为太子之前的生活状况历史上记载得不详细，我们只可以知道他曾经被册封为宣王。当顺宗在被选立为皇太子的时候，就已经 19 岁了。这个时候的他已经初为人父了，在公元 778 年 2 月，他的第一个孩子李淳降生了。

在唐顺宗做太子的 26 年里，他亲身经历了天下动荡的局面，藩镇割据叛乱的混乱和烽火，也亲眼目睹了朝廷大臣们互相的倾轧与攻讦，在政治道路上也逐渐变得成熟。史书上给唐顺宗的评价是："慈孝宽大，仁而善断。"唐顺宗还是一个才子，他很喜欢各种技艺学术，甚至佛教经典也曾经读过，写的字格外的好，特别擅长的是隶书。每遇上德宗作诗赐给大臣或者方镇节度使时，都要命令太子书写。特别令人称道的是，在公元 783 年的"泾师之变"中他随皇帝出逃避乱，顺宗就负责执剑殿后的工作，在经历 40 多天的奉天保卫战的时候，面临朱泚叛军地紧紧追击，他经常是身先士卒，亲临城门御敌。全军将士们无不在他的督促和激励下，奋勇杀敌，终于使奉天保卫战取得了全面的胜利，保护了出逃的唐德宗的安全。

唐顺宗经历的太子生涯虽然说不像唐朝前期的那些皇太子一样波折不断，动辄被废黜，但是有一件事也差点让他遭受灭顶之灾。在公元 787 年 8 月郜国大长公主的牢狱之灾，也给他带来了不可磨灭的恐惧。事情的发展是这样的：郜国公主是唐肃宗的女儿，也就是唐顺宗的姑祖母，她和驸马萧升所生的女儿是唐顺宗还做皇太子时的妃子。郜国公主因此就依仗自己的特殊身份，在东宫自由出入。她的丈夫萧升去世后，郜国公主的私人生活非常放荡，不但和彭州司马李万发生苟且之事，并且还和担任太子詹事的李昪、担任蜀州别驾的萧鼎等一些官员暗中有过往来假如仅仅是私生活不知检点，那么这在唐朝的皇室也是无关紧要的事。然而，却有人在告发郜国公主和他人"淫乱"的同时，还指出她行使巫蛊的法术，这样就严重冒犯了皇帝的威严。唐德宗知道后大发雷霆，又因为这件事情牵涉到了皇太子，所以唐德宗就马上将李诵找过来，狠狠地批评了一番。唐顺宗被父皇无端切责，非常害怕却又不知该如何做，于是就效仿唐肃宗在天宝年间做太子时的伎俩，请求和萧妃离婚。这件事发生以后，唐德宗萌发了废李诵改立舒王李谊为太子的念头，并且把当时担任宰相的前朝老臣李泌秘密召入宫中商议换太子的事。

舒王是唐德宗的弟弟李邈的儿子，因为李邈英年早逝，于是唐德宗就把他收养，视如己出，非常地宠爱。宰相李泌认为唐德宗舍弃亲生儿子而改立侄子为太子不妥当，唐德宗就发怒了。于是李泌就给他详细分析了自从贞观以来太子废黜的经验教训，认真分析了太宗皇帝对废立太子方面的谨慎以及唐肃宗因为性急而冤杀建宁王造成的悔恨，劝他要引以为戒，千万不能操之过急。李泌的话终于打动了唐德宗，所以唐顺宗的太子之位才得以保全。

不久以后，郜国公主就被唐德宗幽禁了，在公元790年死去。而李万因为和同宗发生淫乱，用不知"避宗"的罪名就被杖杀了。郜国公主的亲属也因此受到了牵连，她的5个儿子以及李昇、萧鼎等被流放到岭表和边远的地方。郜国公主的女儿和皇太子妃萧氏也接连被杀死。经历了这次变故，本来生活的就小心翼翼地唐顺宗就更加细心谨慎了。

公元805年唐顺宗终于告别了胆战心惊的太子时代，成为了天下的统治者，他即位以后支持革新，消除弊政。并且任命了韦执谊担任尚书左丞、同中书门下平章事的职位，任命太子侍书、翰林待诏王伾担任左散骑常侍，以及翰林学士，以前担任司功参军、翰林待诏的王叔文任命为起居舍人，以及翰林学士。唐顺宗因为患了中风病，所以不能说话，于是就把政事委托给了亲信王伾和王叔文，人称为"二王"。但是朝臣中有柳宗元、刘禹锡等众多名士，也全力帮助二王处理朝廷政事，并针对当时的弊政进行了一些改革。

"二王"的改革，首先从废除激起民愤比较大的"宫市"、"月进"、"日进"来入手。其实早在唐德宗的时候，宦官们就经常用为皇宫采集物品的名义，对黎民百姓进行掠夺，被称为"宫市"。还有一些地方节度使为了尽力讨好皇帝，于是不断地向皇帝进奉钱财宝物，有的人每月就会进奉一次，被称为"月进"，有的人甚至每日就进奉一次，被称为"日进"。后来的州刺史和幕僚也纷纷效仿，日渐成为了一种时弊。那些用来向皇帝进奉的钱财，无一例外都是搜刮来的民脂民膏。甚至有些地方官吏利用进奉的名义，干一些中饱私囊的勾当，任意向百姓加派赋税，使民不聊生，百姓苦不堪言，进奉已经成为郡县百姓们一项沉重的负担。到了唐顺宗期间，这种恶习越来越严重，并且发展的趋势日渐猛烈。于是针对这种恶劣的情况，王叔文等人就用唐顺宗的名义，下旨取消"宫市"和"日进"、"月进"。同时还下令取消民间对官府的各种亏欠，还下令降低盐价。这一系列措施的颁布和实施，很大程度上减轻了人民的负担。

在唐顺宗的全力支持下，王叔文等人还策划了一系列夺取宦官兵权的活动。五月的时候，任命右金吾卫大将军范希朝担任右神策统军，以及左右神策、京西诸城镇行营兵马节度使等职位，任命韩泰担任其行军司马，负责控制宦官手中的兵权。宦官集团于是就密令自己所控制的将领对范、韩二人进行抵制，全部起来反对范希朝进行统率神策军，结果使这一措施没有得到执行。这时其他一些地方的节度使也对王叔文等人开始施加压力，在王叔文当政没有多长时间的时候，担任剑南西川节度使的韦皋就秘密派心腹刘辟到京都，对王叔文进行威逼利诱，提出要全部占领剑南三川的地方，以此来扩大自己的势力范围。但是王叔文严词拒绝了韦皋等人的无理要求，于是韦皋等人对王叔文一直怀恨在心，事事和他作对。这时许多藩镇害怕王叔文限制他们的权力，于是也开始陆续制造紧张的气氛，严厉指责王叔文擅权独断。于是王叔文等人的处境日益艰难，一系列革新的措施在执行中受到重重的阻碍。

唐顺宗、王叔文采取的限制宦官、藩镇的所有措施，激怒了很多人，以俱文珍为首的宦官集团开始蠢蠢欲动，阴谋策划了宫廷政变，拥立太子登基，废除唐顺宗。担任剑南西川节度使的韦皋、荆南节度使的裴均、河东节度使的严绶等陆续上表朝廷，打击王叔文等人，和俱文珍等宦官里外呼应，朝中的一些守旧派的官员也开始群起进攻王叔文。于是当年的八月份，唐顺宗无可奈何地让太子李纯监国，不久以后又被迫禅位为太子，自称太上皇。所以李诵登基为帝只有8个月的时间。

唐顺宗退位以后，宦官的权势日益膨胀，王叔文、王伾纷纷被贬逐，王伾死在贬所，王叔文在被贬后又被赐死。柳宗元、刘禹锡等支持革新的八人也全部被贬为边州司马，在历史上这一事件又被称为"二王八司马"事件。

公元806年1月，唐宪宗率领百官到兴庆宫给唐顺宗进行朝贺，并且给顺宗奉上尊号，称他为应乾圣寿太上皇。过了不久，太上皇李诵的病情就严重了，最后死在兴庆宫的咸宁殿，享年只有44岁。群臣尊称他为"至德大圣大安孝皇帝"，庙号为"顺宗"。同年秋天的七月份，被下葬到丰陵。

奋发有为的好皇帝李纯

人物名片

李纯（公元778年～820年），唐顺宗长子，也是唐宪宗。在位十五年。刚开始的名字为李淳。在公元788年的时候被封广陵郡王。贞元二十一年初，被册立为太子，于是改名为纯。八月份登基为帝。唐宪宗在政绩方面的成就主要有：一是在政治上有所革新，二是暂时平定了一些藩镇的叛乱局面。经过一系列削藩的措施，藩镇的势力暂时有所减弱。但是后来被宦官陈弘志等人谋杀。

人物风云

公元805年，宦官俱文珍和剑南节度使韦皋等藩镇势力的联手配合下，迫使唐顺宗传位给了太子李纯。后来又在宦官强大势力的压迫下，唐顺宗退位成为了太上皇，于是太子李纯正式即位，称为宪宗。改号为贞。唐宪宗登基的时候28岁。宪宗登基后力图消除藩镇割据的势力，恢复唐朝的统一版图，并且在这个方面也取得了一些成就。

唐宪宗即位后，就一反过去对藩镇姑息谦让的态度。在西川节度使韦皋去世后，担任韦皋节度副使的刘辟就擅自做主接替了他的位置，并且给朝廷上书，请求替代韦皋担任节度使。但是宪宗没有答应，而是马上任命袁滋为担任西川节度使，征召刘辟到朝中担任给事中。

自从唐中期以后，地方藩镇各自拥兵自重，表面上对朝廷无比尊重，但是法令、官爵都是擅自决断，赋税也从来不上交朝廷。节度使的职位更是开始了世袭的制度，通常不接受朝廷的任命，都是父死子继，或是由部下们拥立，朝廷也只能选择顺从，事后再予以追认，但是却不能更改，否则就会联兵进行反叛朝廷的战争。朝中的宰相杜黄裳分析了当下的形势，认为振举纲纪，制裁藩镇是朝廷的重中之重，宪宗非常赞同他的建议。刘辟没有能够当上节度使，于是就发兵进攻梓州。宪宗没有听取众大臣反对的呼声，而是采取了杜黄裳提出的建议，要先拿刘辟开刀杀一儆百。

在公元 806 年，唐宪宗命令左神策军的节度使高崇文等人率军讨伐成都。高崇文是唐朝将领中名位尚浅但是很有智谋的将领。他率领大军从斜谷出兵，一路严明军纪，过五关斩六将，所向披靡。在正月的时候出兵，到了九月份唐军就攻克了成都，把刘辟生擒了，平定了蜀中节度使的叛乱。

当时宪宗正在讨伐成都，担任夏绥节度使的韩全义表示接受入朝做官，但是只是假象，他留了自己的外甥杨惠琳为知夏绥留在了他的统辖地区，仍然不肯交出手里的兵权，并且派兵去阻止朝廷派去接任的节度使上任。于是宪宗果断地下令河东的天德军讨伐杨惠琳，并且非常成功的平息了杨惠琳的反叛行动。俗话说：新官上任三把火。唐宪宗在刚登基的那年就表现出了自己的锋芒，在和藩镇斗争的局面中取得了初步的胜利。

唐宪宗的才能不仅表现在和藩镇斗争中显示出的卓越胆识和果断强硬的气魄，并且在用人纳谏的方面也非常具有选贤任能的眼光和采纳谏言的大度。

自从宪宗登基后，就一直渴求能够治国平天下的贤才相助，并且非常厌烦那些贡献奇珍异宝来博取他欢心的小人。

宪宗的朝堂上，非常注意挑选和任命宰相。当他还是太子的时候就已经开始留心这个问题了。掌握大权以后，就经常和大臣们在一起讨论历朝历代选用宰相的利弊得失。于是最后选择了像裴垍、杜黄裳、裴度、李绛、崔群等一批个性正直并且有治国方略的名相。

杜黄裳作为宪宗开始削平藩镇的谋划大臣，正当西川刘辟率兵叛乱时，众大臣都认为蜀道险远，不应该出兵。但是杜黄裳却力主讨蜀，并且给宪宗推荐了高崇文担任军事统帅。高崇文不仅正直无私，而且骁勇善战，在对藩镇首战中就告捷，立下了非常大的功劳。

除了杜黄裳以外，宪宗还非常器重李绛，因为他不仅胸有谋略，而且非常熟悉天下的藩镇形势，并且有刚正不阿，敢于直谏的精神。只要有朝臣对宪宗进献谗言，做陷害忠良的事，李绛都为他们辩解，减少了宪宗不少过失的行为。

李绛勇于直言，不会做出巴结皇帝的事，因此宪宗更加器重他。到了元和六年的时候，就任命他担任宰相。李绛曾经奉劝宪宗，国家比较艰难，府库金银空虚，所以应该节衣缩食，不要纵情于声色。宪宗听了以后感到非常高兴，于是就称他为"真宰相也！"然而就在这一年，江淮地区发生了大灾荒，可是当地御史为了逃避责任却谎报是丰收年。于是李绛上书奏请宪宗，制裁那个弄虚作假，视人命如草芥的御史，罢免了当年江淮的租赋。后来又上书建议宪宗在振武、天德两个地区开置田地。于是4年间开垦了田地4800顷，收获了粮食四千余万斛。凡事像这类的有关国计民生的大事，宪宗都虚心采纳。在李绛担任宰相期间，协助唐宪宗做出了平定藩镇、整顿吏治、纠正弊政的大事，成为当时著名的一代贤相。

宪宗执政时，也曾有宰相胆小怕事，每遇到朝廷大事就退缩不前，只知道随声附和，提不出有力的建议。比如权德舆就属于这一类人。每次当李绛和李吉甫在宪宗面前争论不休时，权德舆就保持中立，不发表意见。于是宪宗就非常鄙视他的这种行为，不久以后就罢免了他的宰相职位。

在对其他官员的任用上，宪宗也是不拘一格，任人唯贤。当时宪宗的臣下里，担任左拾遗的元稹也是善于指出朝廷的不当之处，宪宗非常喜欢听他的实话，于是经常召见他。白居易曾经作诗来讽刺当时的时事，后来传入宫中，唐宪宗大为欣赏他的胆略，于是就任命他为翰林学士；担任给事中的李藩也是知无不言，对于皇帝的决策有错误也敢于指正，于是宪宗就任命他为宰相；担任翰林学士的崔群谠直无隐，也是受到宪宗高度的信任和赞赏。

因为唐宪宗知人善任的制度，所以当时朝廷中人才济济，李绛、杜黄裳、裴度为宪宗运筹帷幄，制定大策略；高崇文、李愬、李光颜等作为骁勇善战的武将为宪宗南征北战，平定各地的叛乱；白居易、杜佑、韩愈为其舞文弄墨，草拟诏书。唐朝后期的人才之盛，那朝也比不过唐宪宗。

但是唐宪宗在后期就开始盲目自大，不再是那个宠信谏臣，爱听逆耳忠言的宪宗了。开始喜欢阿谀奉承的小人,逐渐那些忠信正直的大臣被排挤出朝堂。一群奸佞小人围绕在宪宗周围,宪宗这时眼里已经没有黎民百姓了。在晚年时期,宪宗又开始信奉神仙长生不老之术,一时间人们在他的带动下,封建迷信开始风行,韩愈上书劝谏,但是毫无作用,被贬为了潮州刺史。

到了公元820年,宪宗因为服食大量金丹,导致性情日益躁怒,对左右的宦官稍有不开心,就开始责罚,甚至有人被活活打死。宦官们人人自危,担心某一天就会轮到自己。于是宦官陈弘志为了自保,设计把宪宗杀死,宦官们将宪宗的真正死因隐瞒下来,对外宣称用药过量而亡。从此以后,唐朝的大权都由宦官操纵。宪宗死后被葬在景陵,谥号为"神圣章武孝皇帝",庙号为"宪宗"。

昏庸的短命皇帝李恒

人物名片

李恒(公元795年~806年),原名李宥。贞元十一年七月六日在京师长安大明宫之别殿出生。他的皇位来之不易,这一点与他的父皇宪宗相同。元和五年宪宗被宦官杀死,宦官梁守谦、韦元素、王守澄等人拥立他的第三个儿子李恒登位,是为唐穆宗。第二年改年号为"长庆"。唐穆宗即位后,贪图享乐,无心朝政。信小人远贤臣,军队战斗力降低,制度形同虚设。唐穆宗在位四年,藩镇割据,叛乱四起,朝廷中宦官专权蝇营狗苟、贪污腐败的局面混乱不堪,唐朝的政局摇摇欲坠。

人物风云

穆宗初即位,各地的藩镇还较为"温顺",各地相安无事,可穆宗临朝掌政不久后,政局发生了翻天覆地的变化。刚刚即位的他,正赶上成德节度使王承宗的离世,其弟王承元暂摄军务,上旨皇帝请求朝廷派遣新的节度使。关系到藩镇以后是归顺中央还是自立为王的关键就是节度使的任用，穆宗本应慎之又慎，派遣德才兼备之人。但穆宗恣意妄为，竟派曾两次征讨成德的田弘正前去担当成德节度使。殊不知，双方是多年的冤家，无论从情理还是公理上，成德军士怎么会服甘心任其摆布呢。再加上当时地方节度使可以忽视中央的遥控，其手下的骄兵悍将如若看不惯节度使很可能就取其性命。田弘正去简直是自寻死路。左金吾将军杨元卿认为这样万万不可，进言穆宗，认为这样会激起当地人的反感，穆宗却意充耳不闻，恣意妄为。

田弘正自从归附中央以来，对朝廷是忠心耿耿，这次由魏博移官成德，虽明知自己性命危在旦夕，但还是以大局为重，前去赴任。为了减少伤亡，带了亲兵2000名增加威势。而朝廷断绝了部分人的粮草。田弘正上表请求四次，判度支崔倰懦弱无能，不敢自作主张，所以迟迟不把情况上奏朝廷，田弘正只好把2000名亲兵重新遣回魏博。

此时穆宗又下诏，对成德军给以金钱诱惑，但是负责供给的度支在规定的时间没有运到，加上成德军士与其积怨已久，这样一来更怀疑是他私吞了朝廷的金银，怒气不打一处来。

成德都知兵马使王庭凑一直在暗中谋算怎样叛乱，由于田弘正的2000名亲兵兵强马壮，所以一直按兵不动。当得知亲兵被遣回的消息时，王庭凑趁军中的士气不稳之际，在长庆元年，即公元821年杀死了田弘正及僚佐、将吏、家属等300余人，随后将四周的小地攻下，抢占冀州，进攻围深州，以此来要挟朝廷封他为节度使。

穆宗对天下藩镇割据的情况知之甚少，中央和地方的矛盾虽然愈演愈烈，但他却无计可施，又加上他一意孤行闭目塞听，只知贪图美色，寻欢作乐。幽州节度使刘总，因生平乱杀无辜，自感罪孽深重，引咎辞职打算做和尚去，临离开前上奏德宗，拟打算把幽州分为三道，一道由平卢节度使薛平管理，一道由京兆尹卢士玫管理，一道由宣武节度使张弘靖管理。德宗未经大脑思考，就随意答应了，权臣崔植、杜元颖与张弘靖交好，便自作主张把瀛、莫二州交给卢士玫管领，把其余的全交给了张弘靖，而朱克融等幽州悍何去何从也不予理睬，竟然任命他们在卢龙张弘靖下任职。张弘靖到卢龙后，同幽燕节度使与将士平起平坐的作风不同,仗势欺人,鱼肉百姓,贪污救济菜款,克扣军士粮饷,又不把士卒当人来看待,结果士卒的反抗,朱克融以卓越的领导才能被推为节度使,在附近州县自立为寇王。

由于用人不善,河北战火的战火刚刚平息,又重新危机四起。自此混战开始,唐朝无力挽救自己悲惨的命运了,国家处于水深火热之中。

穆宗调集魏博、横海、河东、义武等诸军17万余人对河北的战乱进行征讨。

宪宗时裴度曾立下带领诸军讨平淮西的汗马功劳,有大将风范,但今夕不同往日。宪宗时对他信任有加,现在的他却经常受到冷落。翰林学士元稹、知枢密魏弘简嫉妒裴度的才能从中作梗。二人害怕裴度成功以后威胁到自己的权位,就千方百计破坏、攻击裴度的策划方案,穆宗昏庸无道,听信小人的花言巧语,裴度孤身一人无力回天,于是,他的主张总是被作罢。

当初,趁着国泰民安,宰相萧俯、段文昌以裁军为由,上奏穆宗理应密诏天下车镇,规定每年在100人中裁员8人,以减少军队臃肿的现象。结果由于士兵失去军籍无以为靠,落籍军士则结伙在一起做起了强盗的勾当,当朱克融、王庭凑作乱,打出反抗当今朝廷的旗帜时,重卒甘心随其前往。而各个车镇兵力尚少,临时招兵买马,全是些没有作战经验呢乌合之众。到前线迎战时,各地节度使和领偏军的将领有宦官作监军,将领没有指挥作战的权利,也就是手中没有兵权,一举一动都要受到朝廷的牵制,且政令一会一个主张,让人没有办法来执行。监军们还把骁勇善战的武将做自己的卫士,只让老弱病残者抵挡前线的大敌,官军的战斗力可想而知,只是纸老虎。

当时,王庭凑在围攻深州遭遇了不顺,横海节度使乌重胤把全军派到深州前去营救,独挡东南一面重任,在官军讨敌发挥了中流砥柱的作用。乌重胤见敌坚不可摧,就守战不出。穆宗又是稀里糊涂的智慧,临阵易帅,让杜叔良担灭敌大任,官军没有一个骁勇善战的领导。结果屡战屡败,亡7000余人。

这样一来,中央在百姓心中的权信降低,藩镇势力更加肆意妄为。幽州(卢龙)节度使朱克融戏耍朝廷,先把马万匹,羊十万头进献给朝廷,却又请求皇帝将马、羊钱作为犒赏重新下旨封赐给幽州。

在唐穆宗上台的短短两年时间内，就把宪宗辛勤治理的大唐江山折腾得面目全非。叛乱此起彼伏，藩镇与中央之间极力抵抗、藩镇与藩镇之间争夺地盘，唐王朝摇摇欲坠，风雨飘摇。

唐穆宗不仅是一个昏庸无道，目光短浅的帝王，而且是一个对政事毫不知情，只知沉迷酒色的酒肉之徒。元和十五年，穆宗由宦官拥立上台，当时，宪宗的安葬仪式还没有举行，穆宗对父亲的离世不感到任何的悲伤，当皇帝的兴奋之情冲淡了丧父之哀，这等不肖子孙，有什么资格担当国家大任，至于将来的治国之策，他更抛到九霄云外。

唐穆宗既然不关心黎民百姓的生活，对选拔治国人才更是无心过问。萧俛、段文昌、杜元颖、王播、元稹等人先后担任过穆宗朝的宰相。这些人溜须拍马，以权谋私，勾结朝臣，扩大自己的实力心中无治国之策，是一群势利小人。

穆宗时，朝臣中并非没有能文能武的大将之才，像裴度、崔群、白居易、韩愈等都是当时显赫的能人，但穆宗没有给以充分的信任，他们的治国之策也是常常被搁置。

长庆二年，即公元822年，穆宗闲来无事与宦官在宫中戏玩球技，有一宦官不小心从马上坠落，胆小如鼠的穆宗竟因此受惊吓而得一病不起。当时李逢吉为相，一人之下万人之上，光聚群党，扩大自身实力，穆宗自这次大病之后，也迷信方士所进的长生不老药如金石之药之类的东西。长庆四年初，因风疾复发于长安宫中不治身亡，时年30岁。陵寝位于光陵，谥"睿圣文惠孝皇帝"，庙号"穆宗"。

藩镇手中的傀儡皇帝李晔

> 人物名片

李晔（公元867年~904年），懿宗第七子，原名杰，僖宗的同母弟弟。咸通八年二月二十二日在长安宫中出生。6岁便被封为寿王，僖宗在文德元年三月六日在武德殿驾崩，他被立为皇太弟监国，改名李敏。八月，在复恭等人拥立下即位，时年22岁，是为唐昭宗。后又改名李晔。几次改名，昭示着他政治身份的变化。

人物风云

昭宗登上皇位以后，阅读了大量的文史资料，结交忠贞爱国志士，对儒术尤为重视，对大臣的觐见讲究君臣之礼，勤于政务，唐朝的政治现象如雨后春笋般兴盛起来。龙纪元年（公元889年）春正月，大赦天下囚犯，各地的文武百官都封赏了或大或小的官职。就在这年二月，朱全忠把在蔡州割据混战的秦宗权押往长安处死。朱全忠原名朱温，曾是黄巢起义的始作俑者之一，后来由于形势对自己不利，便叛变降唐，被赐名全忠，担任宣武节度使。中和四年（公元884年）黄巢起义军被他和李克用等合力镇压，他就成为唐末割据一方的霸主势力。龙纪元年十一月，昭宗改名晔。

当时，宦官杨复恭因为在两军作战中拥立昭宗而被封为两军中尉，他效仿田令孜以前的行为，大量收养勇士并把他们认为义子，以便把自己手上的兵权分给自己的得力手下，号称外宅郎君，与此同时在宦官中又挑选了600人作为义子，让他们去担任诸道监军，换汤不换药，现在仍然是宦官专权，只是由田令孜变为杨复恭。太常博士钱珝、李绰等上奏请求限制宦官官僚队伍的壮大，宰相孔纬、张浚也主张昭宗将宦官的权力消灭在最开始。昭宗对杨复恭专权也是恨之入骨。这样皇帝、朝官起来与宦官之间的矛盾如箭在弦上，情势紧张。

唐昭宗不愿被为宦官控制自己的生死大权，和宦官头子杨复恭之间的斗争愈演愈烈。大顺二年（公元891年）九月，唐昭宗封赐给杨复恭大将军的职位以便让他离开朝廷。杨复恭心中愤怒万分，以生病为借口不接受诏旨。十月，皇帝下旨李顺节率禁兵讨伐杨复恭。杨复恭在杨守信等手下将兵的保护下逃出出京师，一边抵抗后面追来的大敌一边赶紧前行，一路逃到通化门，又往汉中方向逃窜，在汉中孤注一掷，招兵买马起兵反抗昭宗，最后当然是无疾而终。李顺节在讨伐杨复恭的斗争中英勇作战奋勇杀敌，战功赫赫，昭宗龙颜大悦。于是李顺节仗势欺人，出入常把兵杖带在身边，以显威风，宦官西门君遂和刘景宜考虑到自己的利益，惧怕其势力的膨胀会危及自己的官位，便劝谏昭宗铲除李顺节，昭宗也深有同感，害怕李顺节有朝一日作奸犯上，与西门君遂、刘景宜暗中谋划了计策，暗杀李顺节，宦官与李顺节之军激战一天，打的是热火朝天，直至晚上才将其平定。百官见战胜李顺节，纷纷上表道贺，昭宗龙颜大悦，改元景福。但是，未彻底根除的是，西门君遂又成了宦官的首领，宦官专权也还是一直存在。

一波未平一波又起，宦官的问题还未有一个完满的收官，外臣作乱的局面又出现了。先是景福宁元年（公元892年），陇西郡王李茂贞与割据一方的节度使狼狈为奸，因为节度使杨守亮曾收容杨复恭，于是他便上表奏请讨伐他，并求加官衔"山南招讨使"。昭宗因为担心李茂贞得山南之地势力膨胀对朝廷构成威胁，拒觉他的表不允许，后来因为受胁而被迫答应，且把李等一连升迁几等。由此，李茂贞、王行瑜等节度使更是为所欲为，恃强凌弱，动不动就对昭宗大呼小叫目无尊卑，目中无人，他们实际上操纵了唐朝的生死大权。乾宁元年（公元894年）七月，李茂贞打算劫持唐昭宗到凤翔，而王行瑜打算劫昭宗到邠州，两人谁也不肯让步，兵剑相视，节度使王行实弃郡打入京师，并烧杀抢掠，无恶不作，京师乱作一团，昭宗于大乱中浑水摸鱼逃走，逃入终南山，重用诸王李知柔为宰相兼京兆尹，重新启用李克用，让他监视太原行营兵马的使用情况，对王行瑜的叛乱行为进行讨伐。

八月，李克用连战连捷，行至渭北，转攻邠宁。十一月，王行瑜带着其家眷部曲500余人狼狈出逃，逃至庆州，王行瑜被部下所杀。李茂贞得知此事后惊恐不已，上章引咎自责。唐昭宗担心李克用依仗强势欺主妄为，不许出兵抵抗。

接下来，握有重兵的朱全忠、李克用、李茂贞等人，为了一己之私互相残杀，连年混战，百姓处在水深火热之中。他们为了争夺昭宗，以此来挟天子以令诸侯。故而昭宗就如同一颗棋子身不由己，空有一个皇帝的名称罢了。有时候甚至被囚禁没有人身自由，当皇太子李裕取代他之后，他连傀儡都不如。

各方激战，朱全忠凭借着强有力的军队战斗力将别的几股势力一网打尽，成为左右昭宗的得力助手。天复三年（公元903年），朱全忠劫持昭宗回长安，大肆屠杀了宦官七八百人。朱全忠野心勃勃，为了彻底让更多的人听命于他，又将监军大肆杀害，在节度使保护的保护下，河东监军张承业等少数人得以幸免，其余监军全部被杀。宫中的大小事情都在他个人的预料之中，更为残忍的是他还把左、右神策军和所属八镇归亲信崔胤，依附李茂贞和宦官的大朝官都赶尽杀绝，自此朱全忠的党羽构成了整个朝廷的官员网络。朱全忠的专权目的已达到无人可及的地步。

朱全忠在朝廷上作威作福，为所欲为，使得百官对他敬而远之，宰相崔胤也是靠巴结勾结朱全忠才能在相位的位置上安然无恙。当唐昭宗被朱全忠完全控制以后，他为了给自己留一条后路，以防将来有什么变故，就积极地扩充自己的实力。天复三年，唐昭宗同意崔胤招募精壮之士6600人来作为朝廷的骁勇之兵。这件事被朱全忠听说以后，便派自己手下的壮士前去应征，所以崔胤加紧强兵、备战抵抗朱全忠的事情，都被朱全忠了如指掌。

天祐元年（公元904年）初，朱全忠暗中指使其手下杀死崔胤，又把裴枢、柳璨封为宰相。朱全忠把军队驻扎在河中，下令手下寇彦卿拿着自己的奏章恭请昭宗迁都洛阳。他强行命令长安百姓和居民跟着昭宗一起迁过来，很多人安土重迁，不愿服从，引起了轩然大波。还没有一个月，朱全忠怕昭宗会临时改变主意，便偷梁换柱，将昭宗左右的亲信大臣全换成自己的左膀右臂。当唐昭宗在陕州短时间驻扎的时候，偷偷地派人向西川王建、淮南杨行密、河东李克请求前来营救。昭宗被迁洛阳的事情被李克用、李茂贞、王建等闻之后，对朱全忠企图篡夺皇位的野心看在眼里，于是招兵买马大举进兵，以匡复唐室为己任，打算起兵讨伐朱全忠。朱全忠打算让昭宗彻底消失，不留给人们接回他去的机会。于是，八月，朱全忠就命亲信朱友恭、蒋立晖将唐昭宗杀害，时年38岁。群臣上谥曰"圣穆景文孝皇帝"。次年二月二十二日，在和陵安葬。

舞动政事波澜——笑看唐朝后宫

大度仁厚的长孙皇后

▶ 人物名片

　　长孙皇后（公元601年～636年），李世民的皇后，史传名叫观音婢。她的父亲是隋朝的一位将军，但是在她8岁那年去世，因此观音婢从小由舅父高士廉抚养长大，13岁的时候嫁给李世民为妻。这真可谓是一个明智的选择，后来在武德元年被封为秦王妃。玄武门之变后被封为太子妃，李世民登基13天后册封为皇后。长孙皇后伴随在唐太宗身边时时纠正他的错误并处处维护那些忠心为国的大臣，一共为李世民生下三个儿子四个女儿。贞观十年的时候与世长辞，死后谥号文德皇后。上元元年时又加谥号为文德圣皇后。曾经写作了《女则》三十卷，但都已经找不到，只有《春游曲》还存在世上。

▶ 人物风云

　　人们常说：一个成功的男人背后总是站着一个伟大的女人。那我们就来看看陪伴李世民左右的是一个怎样的女人，或许这个不为人知的女人才是历史上真正应该歌颂的风流人物。她的历史功绩或许往往被人们所忽略，殊不知在她美丽动人的面孔下，其实隐藏着被人难以发觉的另一面精明干练、绝世才华……

唐太宗可以取得天下，开创一片盛世，不仅要依靠他手下的众多武将谋臣，更与他落落大方的妻子长孙皇后的鞭策是分不开的。

长孙皇后出生在官宦世家，从小就接受了一整套正统的封建教育，于是养成了正直善良、知书达礼、贤淑温柔的品性。曾在她还小的时候，就有一位卜卦先生预测她的命运"德合无疆，履中居顺，坤载万物，贵不可言。"

在长孙氏只有13岁的时候就已经嫁给了当时担任太原留守李渊的第二个儿子，年龄17岁的李世民做媳妇，别看她年龄小，但是已能开始尽行妇道，全心全意伺候公婆，过上相夫教子的生活，年幼的长孙氏是一个相当称职的小媳妇，非常会讨丈夫和公婆的欢心。

李世民是一名少年英雄，从小就文武双全，18岁的时候就勇敢地单枪匹马冲入敌人阵营里把身陷重围的父亲救了出来；在他20岁的时候就有了作为王者的风度，能做到礼贤下士，不惜钱财广泛结交天下豪杰；21岁那年跟随父亲李渊在太原起义，李世民亲自率领大军攻下隋朝的都城长安，协助李渊登上了天子宝座，建立了大唐王朝。李渊登基后，李世民获得秦王的封号，奉命负责遏制关东的兵马，没用几年时间，李世民就率领大军消除了中原地区的割据势力，使大唐江山完成了统一。唐高祖为表彰李世民的功劳封他为天策上将，权位远远在其他王公大臣之上。然而在李世民南征北战期间，长孙王妃作为一名女子仍然紧紧追随着丈夫四处征战，照料他的生活起居，使李世民在充满杀戮的战场感受到一种清泉般温柔的慰藉，从而促使他在征战中更加精力充沛，所向无敌。

在李世民因战功赫赫被封为天策上将后，享有的权利更加特殊，能够拥有自己的一套官署，他所统辖的地区就像一个小朝廷，当然这些离不开他麾下的那些猛将和谋臣。当时他手下的武将有程咬金、李世勣、秦叔宝、秦武通、翟长孙尉迟恭等骁勇善战的大将；文臣则有许敬宗、杜如晦、房玄龄、蔡允恭、虞世南、姚士廉、李玄道、薛元敬、颜相时、苏勖、薛收、于志宁、陆清明、苏世长、李守素、孔颖达、盖文远等"十八学士"。李世民拥有这样贤臣如云、势力盖天的局面，当然令他那位贪酒好色、毫无建树的大哥太子李建成心中不安，因为对李世民猜疑和嫉妒，李建成伙同三弟李元吉计划谋害同胞兄弟李世民；但是在阴谋实施前被李世民手下的谋士发现了，李世民迫于无奈，在谋臣房玄龄和大舅子长孙无忌的劝告下，终于痛下决心对自己的手足出手了，玄武门之变除掉了太子李建成和齐王李元吉。没过多久，李世民就被李渊立为太子。其实在唐太祖李渊的心中，也非常赏识他的二儿子。长孙王妃对于这种骨肉相残的局面原本是极力反对的，但在这种不是你死就是我活的局面下，她一个女子只能维护自己的丈夫安全。

在武德九年的八月，李渊禅位给太子李世民，李世民也就成了唐太宗。同时长孙王妃也成为母仪天下的长孙皇后，正好应验了当年卜卦先生预测她"坤载万物"的话。长孙氏成为身份尊贵的皇后之后，并没有因此就自恃尊贵，而是一如既往地保持着温柔贤良的美德。对于已经退居二线的老公公李渊，她仍旧是十分孝顺而细心地侍奉，每天早晚一定去请安，并经常提醒太上皇宫中的侍女应该如何照顾他的生活起居，俨然像一个普通的儿媳那样，事事想得都很周到。每朝皇帝都是后宫佳丽三千，争风吃醋的现象总是难以避免。然而，长孙皇后对待后宫的妃嫔却非常宽容，她并没有为自己争得专宠，反而经常劝李世民要做到雨露均沾，正是因为长孙皇后的大度，唐太宗的后宫里很少出现不睦的事情，这在历朝历代都是非常罕见的。前朝隋文帝的独孤皇后虽然也可以把后宫治理得井井有条，但是她依靠的是独裁的政策和手腕。而长孙皇后却不同，她只是凭借着自己的端庄善良，就已经无言地感化和影响了整个后宫的氛围，使唐太宗可以专心处理朝廷大事免受后宫俗事的干扰，因此唐太宗对她十分佩服呢！

由于长孙皇后的行为端直有道，唐太宗也就对她十分重视，经常与她谈起国家大事，但是长孙氏知道分寸，认为男女各司其职，从不对国家大事发表意见。但是唐太宗坚持要听她的意见，她就说："臣妾只知道居安思危和任贤纳谏而已"。她从来不提出具体的实施措施去局限太宗。她相信太宗手下的贤臣一定会给太宗最好的建议。因此长孙皇后也得到众大臣的爱戴和拥护。长孙皇后对自己的子女要求很严格，从不让他们因为是皇子或皇女而骄横跋扈。

贞观八年，长孙皇后和太宗去九成宫游玩，路上感染了风寒，又引发了旧疾病情日渐加重，就这样拖了两年，后在立政殿辞世。当时她只有36岁，去世之前嘱咐唐太宗要善待众位贤臣，不要让外戚占据重要位置，并且葬礼一切从简。然而，唐太宗并没有完全按照长孙皇后的意思去筹办葬礼，他为长孙皇后建筑了气势雄伟宏大的昭陵，圣明的唐太宗只是想以这种方式来表达自己对爱妻的怀念与敬慕。

长孙皇后凭借她无私的行为和贤淑的品性，不仅得到了唐太宗及宫内外了解她的人的敬仰，而且为后世奠定了贤妻良后的典范，她的小儿子唐高宗尊封她为"文心顺圣皇后。"

女中"魏征"唐太宗的徐妃

人物名片

唐太宗的徐妃（公元627年～650年），闺名单字为惠，老家在湖州长城。徐惠的父亲叫徐孝德，曾经担任右散骑常侍。历史上对于徐妃的记载并不多，但我们也能从流传下来的古籍野史中找到些许有关她的事迹，尤其是在韬晦、诗赋方面。她不同于其他嫔妃，实在堪称是唐太宗后宫中的左膀右臂。

人物风云

徐惠从小就冰雪聪明，生下来刚刚5个月的时候就可以开口讲话，并且口齿十分清晰伶俐。4岁时，徐惠就能口诵《论语》、《毛诗》等一些当时书堂男子学习的文章。徐惠8岁的时候就比同龄的孩子优秀很多，能够写出文思流畅、颇有文采的好文章，表现出的天赋超乎寻常。

意识到女儿的与众不同，徐孝德就对女儿的文学方面进行了重点的培养，经常会让她阅读经史子集方面的书籍，来丰富她现有的知识。徐惠自己也是秉承父志，非常喜欢读书，经常因为读书而忘记吃饭，甚至连走路的时候都捧着书。过人的天赋再加上倍于常人的勤奋，使徐惠年幼时就已经有非常渊博的知识。

传言，父亲徐孝德曾经叫她拟《离骚》为《小山篇》，她没有多加思考就拟到："仰幽岩而流盼，抚桂枝以凝想；将千龄兮此遇，荃何为兮独往！"这篇文章立意新颖，着实表现出了徐惠在文学上高深的造诣。徐惠小小年纪能够做出这样有文采的文章，就连她的父亲也是十分惊讶，当唐太宗听说这件事以后，也感到徐惠非同一般，非常欣赏她知书善文的才华，于是就下诏书把徐惠召入宫中伴驾，封她为才人，那个时候徐惠才11岁。

这个徐惠不仅文章做得好，并且擅长骈赋，作诗也是雅俗共通。因此她常常在闲暇时间写诗，来表达自己的一些思想，抒发一下自己的内心感受。凭借着过人的才华，她受到了唐太宗特别的宠爱。她所做的诗基调比较欢快，在艳丽的辞藻中透露出自珍自爱的情感，其中在《全唐诗》卷五记载了徐妃的诗作五首，现在录了其中三首于下：

《赋得北方有佳人》
由来称独立，本是号倾城。
柳叶眉间发，桃花脸上生。
腕摇金钏响，步转玉环鸣。
纤腰宜宝袜，红衫艳织成。
悬知一顾重，别觉舞腰轻。

《长门怨》
旧爱柏梁台，新宠昭阳殿。
守分辞芳辇，含情泣团扇。
一朝歌舞荣，夙昔诗书贱。
颓恩诚已矣，覆水难重荐。

《妆殿答太宗》
朝来临镜台，妆罢暂徘徊。
千金始一笑，一召讵能来？

要是说起徐妃做的这篇《妆殿答太宗》，还有一段很小的故事。在长安的崇圣寺中有一座贤妃妆殿，有一次太宗到此游玩，突发奇想，就派人去召唤徐妃到这里来共同游乐，但是过了很长时间徐妃还是迟迟未到，身为皇帝的李世民非常生气。细问之下才明白，原来徐妃是在为了博君一笑精心打扮，故而姗姗来迟，于是也没有多加责备。而徐妃有感而发，就写下这首诗。

除此之外，徐妃还有一首很有气势的诗赋，甚至可以和当时的诗人们相媲美。

《秋风函谷应诏》
秋风起函谷，劲气动河山。
偃松千岭上，杂雨二陵间。
低云愁广隰，落日惨重关。
此时飘紫气，应验真人还。

在唐代那个诗歌繁盛的黄金时代，诗人真是多如牛毛，就连在幽闭深远的皇宫里，也出了像徐妃这样难得的女作家，徐妃以上所做的四首诗，以及前面的《小山篇》，已经全部证明这个结论的正确性。

唐太宗非常欣赏她"挥毫立成，辞藻优美"的才学，所以，徐妃很快就被升为婕妤，不久，又被升为充容。根据唐朝的制度规定：皇后的下面，有贵妃、淑妃、德妃、贤妃，是为夫人。昭仪、昭容、昭媛、脩仪、脩容、脩媛、充仪、充容、充媛，是为九嫔。由此可见，这时候的徐妃已经列入了九嫔的行列，地位非常明显地提高了。

之所以说徐妃是"女魏征"，主要是因为徐妃勇于积极进谏，在国家大事上也给予了太宗很大的帮助。

虽然说唐太宗作为一名封建皇帝，在位时曾经颁布了一系列利于百姓的法律、法令，因此才出现了贞观之治这样史无前例的盛世局面。但是，世上没有完人，他也一定会有他的阶级的局限性。晚年的李世民好大喜功，为了追逐名利对外频繁地发动战争，有战争就需要人力、物力、财力作为保障，这必然会加重黎民百姓的负担。因为这件事，徐妃就利用一切可以利用的机会劝说太宗，极力劝阻他对外发动战争。在贞观二十二年春天的时候，碰上唐太宗出游玉华宫，徐妃就借机上疏太宗，指出近年来频繁的战争、劳役这双重大山压迫的百姓不能喘息，太宗东征高丽，西讨龟兹，再加上建造翠微、玉华等豪华宫室，致使士兵和马匹在战争中疲乏，船只、车辆来来往往忙于运输，一定会造成田园的荒芜，粮食出现短缺，同时也给太宗敲了一个警钟："百姓生活的痛苦、疲乏都是农民叛乱的导火线，一旦百姓不能忍受时，一定会起来反抗。"希望唐太宗可以适当减少兵役、劳役，让百姓可以有休养生息的时间，来发展生产，振兴家园。

唐太宗李世民在位期间，很少兴建离宫和别馆，这当然是因为他吸取了隋炀帝灭亡的教训，但是与徐妃的劝谏也不能说毫无关系。在劝谏书中，徐妃劝说唐太宗要实现无为而治，不要大兴土木。她说："如果招募工匠来大兴土木的话，势必会给百姓带来很多的困扰，致使他们不能安心务农，养育家人，如果皇帝能够给他们便利，让人民自由耕作，而不是常常役使他们，那么普天之下就会平安无事了。五谷丰登，天下太平，人民自然而然会欢天喜地，高高兴兴的生产，安居乐业。唐太宗最终接纳了徐妃所提的建议。

徐妃本人非常痛恨那些玩物丧志的人，所以在给太宗的上疏中，她表明珍玩技巧，是造成国家沦丧的根本原因；珠光宝气，是令人迷惑心智的毒药。如果珍玩珠宝在民间大肆风行的话，势必会败坏淳朴善良的民风。她还给唐太宗举例说明："商纣王就是因为迷恋玉器，最后致使国破家亡"。所以，她说："做皇帝应该提倡节俭的作风，而不能沉迷于奢华，应该要给后人留下可以治国的法制、原则和良策，让人们都顺从，这样大唐王朝一定会更加强盛，永远在版图上立于不败之地。"

徐妃所做的这篇将近千字的疏文，文章内部结构严谨，言辞恳切，论据有力，真实感人。所以《新唐书》《旧唐书》都记载了这件事，并且在《旧唐书》将原文留了下来。自从大谏臣魏徵去世后，贞观晚年中敢于直谏的大臣就要数褚遂良、马周最为著名了。但是，纵观历史遗迹，马周、褚遂良因为忙于辅佐李治，担任宰相以后，政治地位就发生了改变，直谏的行为也不像以前了。相比之下，作为后宫的妃嫔能够关心政事，敢于直谏，可见徐妃的性情是多么难能可贵了。

唐太宗对于徐妃的进谏大为赞赏,给予了她非常丰厚的赏赐。她的父亲也因此被提升为水部员外郎。

因为徐妃为李氏王朝做出的巨大贡献,唐太宗给了她非常高的荣誉。徐妃对唐太宗的知遇之恩,也是心存感激。唐太宗在贞观二十三年去世后,徐妃也因为思念太宗,因此忧劳成疾,并且病情越来越重。但是她却不允许医生来诊治,她曾经充满深情地对与她比较亲近的人说:"我这样做的原因,就是想能够早日死去,如果世上真的有魂灵的话,就让我可以日夜侍奉在太宗身边。太宗待我宽厚仁慈,就算做牛马我也是心甘情愿的。这就是我此生最大的心愿。"她还作了一首诗连珠来表达她对太宗深厚的感情。

在永徽元年的时候,徐妃与世长辞,终年只有24岁。等到唐高宗继位以后,认为徐妃为人贤德,于是,下诏追谥号为"贤妃"。徐妃死后,遵照她的遗愿埋葬在昭陵,使她可以永远陪伴在太宗身边。

专权蛮横的韦皇后

人物名片

韦皇后(?~710年),唐中宗李显的第二任妻子,名字和号历史上没有记载。老家在今天的陕西西安。韦皇后在中宗复位以后,效仿武则天准备干预朝政,于是勾结武三思等人把持朝政,让她的二哥韦温掌握朝廷实权,刚刚回到李氏家族的皇权,又一次被窃夺了。并且,她纵容自己的亲生女儿安乐公主进行卖官鬻爵,然后又开始大肆修建寺庙和道观。韦后在景龙四年的时候毒死自己的丈夫中宗,改立温王李重茂成为帝王,韦后亲自临朝称制。不久以后临淄王李隆基发现韦后的狼子野心后发动政变,拥护他的父亲相王李旦再次登上帝位,韦皇后被杀死在宫中。

人物风云

公元 683 年，唐中宗李显登上帝位，第二年，韦后就被立为皇后。但是在同一年，李显就被武则天废黜帝位，搬迁到今天的湖北房县，韦氏一直伴随在他身边。一直到公元 705 年，中宗再次称帝。每次上朝的时候，韦后都要挂一个帘子坐在大殿上，想要了解政事。中宗延续任用曾经为武则天做过掌文书的昭容（宫中女官）上官婉儿负责撰述诏令，并且立武三思为丞相。那么当时的李家王朝就形成一个以韦氏为首领的武、韦专政集团。武三思借助韦后以及她的爱女安乐公主，诬赖并且陷害当初把中宗扶上帝位的张柬之、敬晖等很多正直的功臣。中宗却不分青红皂白，轻易地相信韦后和武三思所言，并且只要谁敢揭发武、韦二人的丑行就会处以极刑，武三思也因为权倾朝野，就开始作威作福。

其实，韦后之所以变成这样，也是因为受到武则天打压的结果，她也曾经受尽苦难。在公元 684 年 5 月 23 日，在从均州通向房陵的乡间大道上，有几辆马车在缓慢地行驶着。在第一辆车上乘坐的是一位青年男子，他的面容憔悴，目光呆板，好像是有重重的心事和无尽的哀愁。这个男人就是唐中宗李显。在武则天成为第一个女皇帝后，她的儿子李显就被迫退位让贤，并且惨遭幽禁于皇宫中一处冷落的庭院中。后来，又接连被流放到远离京城的南方。这个时候，正是李显在流放的途中。他望着一望无际的碧绿的原野，深深感受到这个充满昂昂生机的大地和自己的心境是那样的不协调。他的妻子韦氏就坐在后面的车辆中。一想到自己的妻子，李显就满心愧疚。韦氏是在中宗任太子时被纳为妃的，然后又在嗣圣元年被立为皇后。一荣俱荣，一损俱损，随着中宗被废，她也同样遭到贬黜，跟随前往房陵。韦氏刚刚为中宗生了个女孩，身体还非常虚弱，在旅途中车子的不断颠簸更增加了她的痛苦。因为韦后在途中突然生产，什么东西都没有来得及准备，于是，李显和韦氏只好用他们自己的衣服把这个女孩裹起来，并为这个女孩起名为"裹儿"。这个不知人事的孩子没有和父母一样痛苦得难以入眠，而是常处于熟睡之中。在韦氏所在车子的后面还有几辆车，分别乘载着他们已经长大一些的孩子，奴仆和一些生活用品。李显和韦氏在到达房陵以后就安心定居下来。但是他们在房陵被贬期间，武则天曾多次派遣使臣前去探望他们夫妇。

可是每当知晓使臣要到来的消息，李显总是身心惧怕，心神不宁，甚至想要自杀。韦氏反而表现得比较豁达，她常常劝李显说："福祸总是相依偎的，世事总会发生变化的，为什么总要想到去死呢？其实您完全用不着如此害怕。"李显和韦氏就是这样每天过着相依为命的生活，夫妻二人在房陵一起度过了十多年困苦的生活，这也让夫妻间的感情日渐深厚。每当夜幕降临，繁星点缀天空的时候，李显总会遥望星空，回忆起当年皇宫中悠闲富贵的太子生活。于是，他向韦氏作保证，一旦有一日重登帝位，一定让韦后各方面生活得快快活活。就是因为和中宗这一段相依为命的生活才造就了韦后之后一手遮天的局面。

由于朝中的老臣狄仁杰经常劝武则天要顾及母子之情，吉项、李昭德等大臣也经常谈起让中宗李显复位，同时又因为武则天已是 70 多岁的高龄，并且体弱多病，她也常常想起远在他乡的儿子李显。于是，在公元 698 年，李显又重新被迎回到宫中，韦氏也跟随中宗返回。在李显刚刚回到宫中时，武则天对外保密，并且他被武则天隐藏在一个大帐子里。

在大臣的一致要求下，李显被隆重接回皇宫。后来武则天离世，李显再次登上帝位，韦后又成为皇后。接着朝廷就成为了韦氏王朝。

公元 707 年夏天，山东、河北等二十多州又发生了旱灾，饿死、病死的百姓人数已达千人。但是，面对百姓的困境，中宗和韦后不以为然。韦后对中宗说："我们都已经受了十多年的苦难，现在就是要过无忧无虑的天子生活了。"在韦后的一再怂恿下，在中宗登基当年的十一月，他们二人就一起到洛阳城南门楼欣赏了泼寒胡戏。当时的天气非常严寒，北风凛冽地吹着，北方的胡人裸身挥水，舞蹈自由自在。中宗和韦后穿着轻裘，从早上一直玩到晚上，不知何为疲倦。

夫妻二人一直过着享乐的生活，在神龙三年的二月，中宗和韦后又约近臣们一起登上玄武门的城楼，观看宫女们聚会饮酒。韦后还是觉得不热闹，于是又请求中宗命令宫女们左右分队，互相斗殴，来决出胜负。他们还调派宫女去开办集市，命令百官公卿假装商人去进行交易，因为买卖不公而发生争议，大臣和宫女们互相指着鼻子辱骂，言词猥琐。中宗和韦后看了此场景却是开怀大笑。

公元708年元宵节期间，中宗和韦后脱掉龙凤袍，换上百姓的衣服，带领众大臣们混杂在长安市民中间，一起在化度寺门前的大街上欣赏花灯。在这一夜，中宗还遵从韦后的意见，放出了几千名宫女一起去看灯，结果有一半以上的宫女有去无回。之后，中宗、韦后和各位公主又去金城（今天的陕西兴平），一起在梨园球场欣赏了拔河比赛，游宴桃花园，又游赏了樱桃园，后来还到了隆庆池，进行结彩张灯，玩起了泛舟戏乐的游戏。中宗和韦后真是苦尽甘来，真正尝到了当天子的快活。中宗和韦后到处游玩，并且，中宗处处都听从韦后的，致使朝政更加腐败。中宗第二次登基没多久，就答应了韦后的要求，追封韦后已死去的父亲韦玄贞为王。对此，大臣贾虚以不合祖宗之法的理由表示反对说："异姓的人从不封王，从古就是如此。并且皇上刚刚复位，就去大封后族，会在天下面前失信的。"因为依照朝廷的规定，只有和皇帝同姓氏的人才可以封王。但是，中宗对于贾虚的话根本听不进去。这时候的中宗，只是记住了以前他曾经许诺过的话：只要韦后快活，要求任何事都可以。

中宗所立的太子叫李重俊因为不是韦氏所生的，因此遭到韦后的极度厌恶；韦后的爱女安乐公主以及她的丈夫武崇训（武三思的儿子）更是经常羞辱李重俊。于是，李重俊在神龙三年七月发动一部分的御林军杀死武三思和武崇训，并且想要谋杀了韦后和安乐公主，后来又因为随从的御林军倒戈相向，政变失败以后，李重俊被杀死。而武、韦集团权势依旧不减当年。

后来临淄王李隆基（后来的唐玄宗）和太平公主（武则天女）联合发动禁军攻入宫城，杀死韦后、上官婉儿、安乐公主及诸韦子弟，逼迫少帝退位，立自己的父亲相王李旦（李隆基父）为帝，就是唐睿宗。韦后之乱，也就至此结束了。

唐玄宗的痴情妃

人物名片

梅妃（公元710年~756年），唐玄宗的妃子，闺中姓名为江采苹，是唐玄宗早期比较宠爱的妃子。她的体态轻盈清秀，偏瘦，并且喜爱穿着淡妆雅服。老家在今天的福建莆田，父亲名叫江仲逊，出身于世代行医的家族。江采萍是个多才多艺的女子，不仅擅长写诗文，还精通乐器，擅长歌舞，而且模样也长得娇俏美丽，气质不俗，是个世上少有的才貌双全的奇女子。后来，因为唐玄宗得到了儿媳杨玉环为妃，梅妃就渐渐失宠，最后被贬到了冷宫上阳东宫。她曾经作了《谢赐珍珠》和《楼东赋》等著名的诗赋。

人物风云

梅妃的父亲江仲逊是一位满腹才华很有情趣的秀才，并且对医术非常精通，有悬壶济世的美名，是他们家乡一带颇有名望的儒医。江家的家境非常富足，只有江采苹一个孩子，但是并没有因为江采苹是个女孩，就认为断了江家的香火而表现出不高兴，相反的是非常宝贝她，一家人都将其视为掌上明珠。早在江采苹刚刚懂事的时候，不知什么原因就对梅花如痴如醉，深切了解女儿性情的江仲逊毫不吝啬，到处寻访各种梅树，种满了自家的房前屋后的所有空地。每当深冬临春的季节，满庭院的梅花就会相继开放，玉蕊琼花点缀枝头，一缕缕暗香在小院中浮动，冷艳动人，就好像一个冰清玉洁、超凡脱俗的神仙世界。年幼的江采苹就陶醉在梅花丛中，一会出神地凝视着，一会又闻着梅香，整天整夜陶醉在梅花丛中，不畏严寒，不知疲累。就这样，江采苹在梅花的熏染下渐渐长大了，在她的品性中深深烙下了梅所特有的气节，气度高洁娴静，性格坚贞刚强，刚中带有柔美，美丽而又善良；再配上她出落得超乎常人的容貌、苗条颀长的身材，仿佛是一株亭亭玉立的梅树。

由于梅妃生长在书香门第，所以她的父亲自小就教她读书识字、吟诗作画。江仲逊曾经这样向友人夸赞自己的女儿："我们虽然是女儿身，但是志向远大"。

在唐朝时期人们的思想已经比较开放，而且江仲逊又是一位开明的秀才，所以，在那个重男轻女的时代对自己的女儿寄予厚望是不足为怪的。江采苹确实没有辜负父亲的期望，九岁的时候就能够背诵大本的诗文，成年以后，就已经能写一手清新秀丽的好文章，曾经作有"梨园"、"萧兰"、"梅亭"、"丛桂"、"破杯"、"凤笛"、"剪刀"、"绮窗"等八篇赋文，在他们家乡广为人们传诵和称赞。除了诗文以外，江采苹对棋、琴、书、画也是样样精通，尤其擅长吹奏极为清越动人的白玉笛，表演轻盈灵巧的惊鸿舞，是一位才貌双全的绝世女子。

其实，说起梅妃真是挺可怜的，但是后宫的女人那个不是可怜人，说她可怜是因为她是作为唐玄宗在失去武惠妃后的心理慰藉而入宫的。唐玄宗所最宠爱的武惠妃去世后，整天闷闷不乐。于是太监高力士就想找人排解一下玄宗心中的烦恼和孤独感，于是就到江南遍访各路美女，结果最后就在福建的莆田县发现了一个蕙质兰心的女孩，她就是后来的梅妃——江采萍。

自从江采萍被高力士选入玄宗的后宫以后，就深受到玄宗的宠幸。她身着淡装雅服，姿态明媚秀丽，风韵神采无人可比，什么样的画笔都无法描绘。她在诗文方面颇有才华，是个不可多得的大才女。因为她酷爱梅花，所以居住的地方到处都遍植梅树，每到梅花盛开的季节，就开始赏花恋花，甚至流连忘返，唐玄宗就给她一个昵称为梅妃，有时候又戏她称为"梅精"。唐玄宗曾经对她宠爱至极，对后宫的其他妃子根本视而不见。江采萍天生性情孤高自傲，眼里不揉沙子，但是又有出淤泥而不染的高洁，完全不会为了红颜之事去争风吃醋，她擅长作书写文章，经常把自己比作东晋的才女谢道韫。

但是十年河东十年河西，就算梅妃再有才华，再美丽动人，也抵不住男人的花花心肠。杨玉环的到来使得一向清高自傲的梅妃渐渐失去了圣宠。杨贵妃为了防止梅妃威胁到她的地位，就想方设法把梅妃贬到了冷宫上阳东宫。在梅妃得蒙圣宠的时候，各地官员都为了讨取皇上欢心争相进献梅花。有一次，梅妃听到了外面有驿马快速奔跑的声音，于是，讯问侍儿可是有人送梅花来的？但是如今，大家都只是忙着给杨贵妃送新鲜的荔枝，谁还会记得那个曾经专宠一时超乎常人的梅妃江采萍呢？皇帝本就没有长情，梅妃江采萍禁不住泪流满面，真是应了那句话：只见新人笑，不见旧人哭。于是，她就想起了汉代长门宫关于陈阿娇的故事，那个陈阿娇曾经花费千金来买司马相如的一赋，于是，梅妃就效仿陈阿娇便拿出千金来请求高力士找人写赋呈给皇上，让皇上回心转意。可是这个时候，所有人都在讨好杨贵妃，这个高力士也不例外，于是就找各种理由加以推脱。江采萍万般无奈只好自己写了一首《楼东赋》献给唐玄宗看。当唐玄宗看了这篇赋以后，虽然心里也略微受到触动，但是也只是悄悄派人赏了梅妃一斛珍珠就了事了，梅妃看到这种情况，伤透了心，于是写下了一篇《谢赐珍珠》，后来并将诗和珍珠一块送还给了唐玄宗。唐玄宗读完文章后内心怅然不乐，于是，命令乐府为此诗谱上了新曲，曲名为《一斛珠》。

在安禄山发动叛乱后，唐玄宗没有来得及带上已经失宠的梅妃江采萍就自己出逃了。不久以后，长安城陷，梅妃最后死在乱兵的手上。唐玄宗后来回归长安以后，就寻求到了梅妃的一张画像，后来就满怀伤痛的亲自题了一首七绝诗。后来唐玄宗在温泉池畔的梅树下发现了梅妃的尸体，发现胁下有明显的刀痕，最后，唐玄宗以妃礼安葬了梅妃。

梅妃——一代清新丽人才女将梅花的清雅脱俗、孤傲高洁融入了灵魂，生命的尽头却又是如此不幸，真是薄情帝王，痴情女。

令"六宫粉黛无颜色"的杨贵妃

人物名片

杨贵妃（公元719年~756年），就是杨玉环，今山西人，中国古代著名的舞蹈家。于公元719年6月出生于蜀州。17岁时，便被册封为寿王妃。而在745年，杨玉环又被李隆基册封为贵妃，年仅27岁，距册封寿王妃时已经过了整十年。756年6月，安史之乱爆发，杨贵妃被缢死在了马嵬驿，年仅38岁。杨贵妃是我国四大美女之一，她天生丽质，婀娜多姿，有一句诗句形容他的美貌无双："回眸一笑百媚生，六宫粉黛无颜色"，是大唐第一美女，也是四大美女中最有权势的一个。

人物风云

杨贵妃出生在蜀州，父母为她取名为杨玉环。当时，她的父在任司户一职，生活过得也不错。

杨玉环兄弟姐妹众多，她是家中最小的一个，又因她从小乖巧懂事，长得也是水灵动人，所以深得她父母的宠爱。可惜，天有不测风云，就在杨玉环10岁那年，她的父母不幸亡故，最后，玉环被她的叔父收养。

杨玉环的叔父把她当成自己女儿那般疼爱，除了悉心照顾她的生活起居外，对于杨玉环的教育也是格外的重视。到了后来，杨玉环又随着自己的叔叔迁到了当时比较繁华的都市洛阳。

自唐玄宗登基以后，他曾去东都洛阳巡视了五次。在他第五次巡视时，想为他那宠爱的儿子寿王选妃。听说有一个叫杨玉环的女子，不仅受过很好的家庭教育，更是有闭月羞花之美貌，而且多才多艺，知书达礼。于是，就被当时的宠妃武惠妃相中，被封为寿王妃。

婚后不到一年，寿王便带着杨玉环返回了长安。杨玉环对于自己的丈夫寿王比较喜欢，和他在一起的日子也是十分快乐，而寿王也被玉环的才情和美貌所倾倒，两人天天琴瑟和鸣，小日子过得自在潇洒，甜蜜幸福。

而唐玄宗虽然是唐朝历史上一位杰出的皇帝，但同时他也是一位有名的风流君主。他平生喜欢音律，好歌舞，生活上也是极度奢靡。

公元736年，宠妃武惠妃得病而死，当时已经年迈的唐玄宗受不起这个沉重的打击，变得神志不清，茶饭不思，精神上也没有了依靠，脸上也没有往日的笑容，整整三年的时间，唐玄宗一直都是郁郁寡欢，沉浸在失去武惠妃的痛苦之中。

当时的宦官高力士看到唐玄宗现在的状态是十分着急，他知道唐玄宗心里到底是怎么想的。他也知道，遍天下网罗美人也并非难事，可是如果要找到和当年武惠妃风姿不相上下的美人，就是难比登天了。高力士日思夜想，最后竟然把主意打到了唐玄宗的儿媳杨玉环身上。

唐玄宗一向对玉环是疼爱有加，他很欣赏杨玉环的温顺可人，更是对她倾城倾国的美貌有所迷恋。所以当高力士向唐玄宗提出可以让寿王妃杨玉环进宫陪伴一些时日的时候，唐玄宗并没有阻拦，反而欣然应允。

公元 740 年 10 月，唐玄宗在他的骊山温泉宫见到了自己的儿媳——当时的寿王妃杨玉环。这天，只见玉环迈着轻盈脚步走进宫殿，姿态典雅，身形优美动人，再看玉环明媚如花，柳眉杏眼、秋波盈盈、千娇百媚；她那曼妙的身姿，高贵的神态，典雅的气质；香肌玉肤，举手投足间风韵无限。好一个风华绝代，美憾凡尘的天生尤物啊。唐玄宗沉醉在了杨玉环的美貌里，在他的眼中好像杨玉环出落得更加美艳出众、如花似月了。顿时，唐玄宗的心情好了很多。

与杨玉环告别后，唐玄宗回到自己的寝宫里，虽然从失去武惠妃的痛苦中了走出来，却又陷入了对杨玉环的相思之情里。她的倩影和音容笑貌，都在他的脑海中挥之不去，恨不得杨玉环一步都不要离开他的身边。

所以，唐玄宗就找了一个借口，以为自己的母亲"永存追福"的理由，命令杨玉环在太后的忌日上作为女道士，代替唐玄宗为自己的祖母尽孝道。寿王妃杨玉环心中虽然不愿，但也只好忍着心头的痛苦，离开自己依恋的感情，和自己深爱的寿王挥泪告别，遵从唐玄宗的旨意去做了一名女道士。

时间就这样过去，转眼间杨玉环已经做了近 5 年的女道士。随后便被唐玄宗一道圣旨正式册封杨贵妃。

从此之后，唐玄宗就沉浸在了杨玉环的美貌和她那轻盈的舞姿当中，再也不理会朝政，一时间，杨贵妃宠冠后宫。

杨贵妃对鲜花特别地喜爱。有一回，因荷塘中的白莲长得比较繁茂，唐玄宗和杨贵妃便特地邀请一些皇亲国戚一起观赏。每个人都相互赞赏着白莲的漂亮清丽，纯洁可爱。而唐玄宗却指着杨贵妃对身边的大臣们说，"白莲再怎么美丽，也比不上我的这枝花万分之一啊！"听了唐玄宗的话，大臣们也都跟着附和，杨玉环更是笑颜如花，高兴不已。

而每到十月，唐玄宗便带着杨贵妃到华清宫避寒，在那里住上个十几天。甚至唐玄宗为了让杨贵妃在那里可以尽兴地玩耍，还三次命人扩建骊山行宫，大兴土木。也有传说，就连唐玄宗他们游乐所用的小船都是用白香木制做而成的，小船的颜色是用银子刷漆而成，哪怕是楫橹，也是用上好的珠玉装饰的，并且他们还让人在汤泉中造出各种各样的假山，以供他们玩耍嬉戏。

杨玉环一人受宠，全家都跟着沾了光。杨玉环的几个姐姐都被唐玄宗册封为了夫人，就连跟他们不是很近的堂兄也都变了样。一时之间，杨家是风光无限。到了天宝十一年的十一月，唐玄宗竟然还任命杨玉环的堂兄杨国忠为宰相，真的是宠极一时啊。

晚年的唐玄宗早已经荒废了朝政。他任用奸相杨国忠，对其还十分的信任，并且他还宠信一个胡人安禄山，杀害忠良，听信谗言，这个时期的政治那是相当腐败，社会政局自然也开始动荡。最终，因为唐玄宗的昏庸而亲手造就了毁灭性的灾难"安史之乱"。

公元755年11月，胡人安禄山发动了"安史之乱"，这使得繁荣昌盛的大唐逐渐地走向了灭亡。安禄山率领的这支军队势如猛虎，洛阳和长安也是相继沦陷。

公元756年的一个早晨，已经有71岁高龄的唐玄宗带着杨贵妃、高力士等一些亲兵，在几千人的禁军的护送下逃离长安。第二天，唐玄宗等人行至马嵬驿。所有的将士们都已经饥肠辘辘，再加上天气炎热，将士们心中升起了怨恨，他们一致认为造成这次事件的罪魁祸首就是杨玉环的堂兄杨国忠，所以将士们都不愿再向西前行。这时，陈玄礼便对各位将士说："现在天下动荡不安，朝政混乱，就是因为杨国忠这个奸诈小人欺压百姓、打击忠良造成的，如果我们不把他处置掉，给天下苍生一个交代，怎么还能妄想平息这次的战乱呢？"将士听了陈玄礼的一番话，都认为有理，所以就跑去把杨国忠抓起来，乱刀砍死，最后还把他的头颅挂在了西门外。

唐玄宗对于外面的将士们的吵吵嚷嚷甚是奇怪，并不知道外面发生了什么事。这个时候有一位将士来禀报，说把杨国忠给杀了。唐玄宗大吃一惊，但是也并没有给他的将士们任何的责罚，只是让他们回到队伍里去，可是并没有人听从他的命令。陈玄礼对唐玄宗说："杨国忠这个奸诈小人引起了这起事件，被我们给杀了，但是他的堂妹杨贵妃已经不能再伺候陛下了。"唐玄宗听了这句话，大惊失色，甚至因为震惊而浑身颤抖，他怎么样也没有想到，杨贵妃会让将士们这么痛恨。一想到杨贵妃其实从不干预朝政，想到杨贵妃的清白无辜，更是想到自己与贵妃的情投意合，恩爱有加，玄宗就心痛难忍，他不愿把杨贵妃交出来。而宦官高力士也知道，要想救唐玄宗，杨贵妃唯有一死。于是他便劝说唐玄宗："贵妃虽然没有什么罪过，但是，将士们已经把她的堂兄给杀了，如果还让贵妃继续留在您的身边，将士们怎么能不担心您的安全呢？只有贵妃一死，才能保证您的安全。"

唐玄宗很是无奈，他在高力士的搀扶下，慢慢地走到杨玉环的面前，一代君王在将士们的面前竟然流下了眼泪，他伸手抱住杨贵妃。杨贵妃也自知自己的期限已到，也痛哭流涕，不舍地看着唐玄宗。唐玄宗声音沙哑地说道："希望你死后能够善地投生。"唐玄宗对于人死升仙一直深信不疑。

这是最残酷的告别，两个相爱的人要眼睁睁地看着对方死去，没有比这更残忍的事情了！

杨贵妃与唐玄宗话别一番，拿起高力士手中的罗巾，吊死在了梨树下。终年也只有38岁。

独得唐宪宗宠爱的杜秋娘

人物名片

杜秋娘（公元791年～835年），原名叫杜丽，出生于润州，也就是今天的金江苏镇江。她的母亲曾是南京的一名普通的官妓，与一名姓杜的官员相好最后怀孕，但是，这官员却因升迁把情人舍弃了。她的母亲含愤生下了杜丽娘，却因无处托养，只好把她带回南京妓院养在身边，虽然出身微贱，但是，她美慧无双，又能歌善舞，诗词歌赋样样精通。因此在江南一带风靡一时。

人物风云

在公元806年，杜丽也才只有15岁时，就因为美貌和文采被镇海节度使李锜以重金把她买入府中作为歌舞伎。但是杜秋娘并不满足于只是表演别人已经编好的节目,而是自己谱写了一曲《金缕衣》,并且情感饱满地唱给李锜听:"劝君莫惜金缕衣,劝君惜取少年时;花开堪折直须折,莫待无花空折枝。"这首诗正好合了李锜的心境,于是立即就决定把她纳为侍妾,并为杜丽改名叫杜秋娘。

唐德宗驾崩以后,李诵继位成为顺宗,但是仅在位八个月就退位给儿子李纯,也就是唐宪宗。唐宪宗想要削减节度使的大权,李锜极为不满,于是举兵反叛,但是在战乱中被杀死,杜秋娘就落得入宫为奴,但是仍然是当歌舞姬。有一次宴会杜秋娘为宪宗声情并茂的表演了"金缕衣",宪宗被其深深地感染。于是,两人双双陷入了爱河,不久,杜秋娘就被封为秋妃。杜秋娘不仅作为宪宗的宠妃,而且还成为了他的机要秘书,杜秋娘依靠女人的柔情和宽容填补了宪宗年轻气盛、容易浮躁的缺点,宪宗经常和她讨论国家大事,二人一起过了十几年相亲相爱的日子。进宫作了秋妃的杜秋娘深受宪宗的宠爱,她的一颦一笑,一言一举,都别有一番风味,使年轻的宪宗深深沉醉其中。二人在春暖花开时,双双徜徉在山媚水涯间;在秋月皎洁时,又时常泛舟高歌在太液池中;午夜人际稀少的时候,二人共同训练鹦鹉学宫诗;在冷雨凄凄的夜晚,共同坐在灯下对弈一直到深夜。两人相处时情深意挚,非常像当年的杨贵妃与唐玄宗的翻版。不过,与那纵情放荡的杨贵妃相比,杜秋娘又略高一筹,她不仅能做到和宪宗共享人间欢乐,而且还能够参与了一些重要的军国大事,用她的聪慧和才智,为皇夫分忧解难。由于唐宪宗执政初期,锋芒太过凌利,对藩镇采取了很多强压的手段,以致引起了藩镇大臣的不满。

后来,番邦犬戎大举侵犯大唐的边境,宪宗对藩镇采取了宽柔政策,不但成功抵御了外来的威胁,而且保证了本土的安宁,使唐室实现了中兴。宪宗的态度能够及时转变,除了吸纳大臣的建议以外,重要的因素还是因为秋娘枕边风的作用,她用一颗女性特有的柔爱之心,感化了锋芒正露的唐宪宗。在国家太平昌盛以后,手下的大臣就劝谏唐宪宗要用严刑峻法来治理天下,以防异族的再度动乱,这建议非常符合宪宗的性格;但是秋娘听见了就说:"一个真正的王者实施政治,靠的是德行不是严厉的刑罚,怎么能舍弃效仿文帝和景帝,而去效仿秦始皇父子呢?"杜丽娘见识深远,合情合理,使唐宪宗不得不信服,也就遵从了她的意见,决定靠德政来治天下。秋娘陪伴在唐宪宗的身边,仿佛既是爱妃、玩伴，又是一个认真负责的机要秘书，几乎侵占了宪宗的整个身心，使宪宗对后宫其他佳丽无心顾及。等到国家逐渐进入平定昌盛时期后，宰相李吉甫曾经好意劝说唐宪宗可以再选一些天下美女来充实后宫，他说："天下已经平定，陛下也应该为自己的生活安乐着想一下。"那时唐宪宗还不到30岁，然而，宪宗却得意地说道"对我来说有一个秋妃就已经足够了！"

不料，元和十五年，宪宗突然不明缘由地死在宫中，曾有人传言说是内侍弘志蓄意谋杀弑主，但由于当时是宦官专权，此事就不了了之了。

唐宪宗死后，24岁的太子李恒在宦官马潭等人的拥护下即位为唐穆宗，并改元为长庆。这个时候，已经进宫12年的杜秋娘，虽然年龄已经三十开外，但是在宫廷中的声望依然颇高，而且受到朝中重臣的敬服，因此皇帝的更迭，政治的改革风暴，并没有影响她在宫中的地位，在一些重要的军国大事上，唐穆宗还时常要听取她的意见。再后来，杜秋娘被派遣为穆宗的儿子李凑做保姆，专门负责皇子的教养任务，杜秋娘自己没有孩子，因此便把一腔慈母的爱全部倾注到李凑的身上。然而，唐穆宗李恒却是一个好色荒淫无道的皇帝，登基以后，就沉迷在声色游乐当中，藩镇接连发生叛乱，河朔三镇再次失守，他对此都充耳不闻。已经做了保姆的杜秋娘这个时候，也只能置身事外。

在长庆四年的时候，年龄尚不满30岁的唐穆宗竟又不知缘由地一命呜呼；于是年龄仅15的太子李湛继位成为唐敬宗，改元为宝历。然而这位小皇帝只是贪玩，性格暴躁，尤其喜欢击毬的游戏和在深夜里捕捉狐狸，天天领着一群宦官伴臣四处游荡，一点不安分，还时不时地要一耍小皇帝的脾气，总是毫无理由地将身边人痛打一顿，对国家大事根本不上心。在宝历二年腊月的冬寒，唐敬宗深夜狩猎回宫后，又和宦官刘克明以及击毬将军苏佳明等一群人在大殿上酣饮。一直喝到深夜，在唐敬宗入室更衣的时候，殿上灯火突然被一阵狂风所吹灭等到再点亮时，人们才发现小小年纪的唐敬宗已经被杀死于内室，那时他还只有17岁。

紧接着朝廷发生内乱，身为枢密使的王守澄和宫内宦官内外相勾结，合力保举前皇帝唐敬宗的弟弟江王李昂入宫称帝，即位为唐文宗。因为文宗年幼不懂事，致使朝廷的实权落在了一帮居心不良的大臣与宦官手中。

这时候，李凑已经被封为漳王。杜秋娘眼睁睁地看着李家皇帝轮番被宦官所杀，又一个个在宦官操纵下成为傀儡皇帝，心中愤懑不平。于是，经过杜秋娘的悉心调教，漳王李凑养成了胆识过人，不畏强权的个性，并且立志要作一个有成就的君王。

眼看时机已经成熟，经过杜秋娘的周密筹划以及朝中宰相宋申锡的密切配合，企图一举歼灭王守澄的宦官势力，废掉傀儡皇帝，把李凑推上皇帝的宝座。但是无奈宦官的耳目遍布各处，虽然杜秋娘的计划非常隐秘，但是仍然被王守澄察觉到了一些风吹草动。不过好在并没有什么把柄落在他们手上，名不正自然不能严加处置，但结果李凑还是被贬为庶民，宋申锡被贬为江州司马，而杜秋娘也因此被也削籍为民，放她回归故乡，至此结束了她将近十几年的"折花"岁月。

自古以来女子的命运大多掌握在别人的手中，但是出身微贱的杜秋娘，却勇于凭着自己的智慧向命运发出挑战，赢得了一段辉煌的人生历程。

驰骋疆场——战马上的雄鹰

传奇人物秦叔宝

人物名片

秦叔宝（？～638年），原名秦琼。提起秦琼大家可能有点陌生，但是说起秦叔宝，都会非常熟悉，其实他们都是同一个人，只是秦叔宝这个名字早已家喻户晓，因为他和尉迟恭是我们家家户户的守护神。秦叔宝是汉族人，老家在今天的山东济南市。他是唐朝初期的著名大将，因为英勇神武而威震一时，在历史上是一个能在万马军中取敌人首级的厉害人物。曾经跟着唐高祖李渊和李世民为大唐江山的稳固南征北战，取得了汗马功劳，因此，他的功劳而位居凌烟阁之上。

人物风云

秦叔宝最初的战功是跟随在隋朝大将名为来护儿的帐下取得的，而在历史上传说的隋唐好汉当中，按能力能排在秦叔宝名前的好汉也只有来护儿一人，当然来护儿不是虚构的，而是确有其人。由于秦叔宝英勇善战所以格外受到来护儿的赏识，当秦叔宝的妈去世时，来护儿亲自派人前来吊唁，众人感到十分奇怪，"在战场上发生士兵阵亡和士兵的至亲去世，都是非常普遍的事情，将军向来不会亲自过问，为什么这次单单对这个只是小亲兵的秦叔宝格外礼遇呢？"，来护儿对此的回答是："秦叔宝这个人无比勇猛强悍，并且有远大的志向和高尚的节操，日后一定能够位居人上，成就一番大业，怎么能用对待卑下的态度去对待他"。在隋朝衰落的末期，身为隋炀帝的杨广对内奢靡浮华，对外长年征战，繁重的兵役、徭役逼得农民求生无门在日渐腐败的统治下，农民起义也掀开了轰轰烈烈的序幕。后来秦叔宝被转到担任齐郡通守的张须陀帐下，靠镇压农民起义而起家。这些历史上的农民起义，大多不是军纪严明、爱民如的正义之师，都是烧杀抢掠、蹂躏百姓的暴徒，因此，农民起义以失败而告终也是必然的趋势，所以依照秦叔宝正直的个性去充当"刽子手"也是无可厚非的事情。在公元614年12月，张须陀率军进攻卢明月的起义军，那时，秦叔宝的还没超过17岁。

  当时的情形是兵少狼多，张须陀率领的手下仅有一万多人，然而起义部队的大军却有十多万人。两军对峙了十几天后，张须陀所率领的部队眼看就要弹尽粮绝，但是战况却仍然没有好转，于是爱兵如子的张须陀就去征求众人的意见，"如果我们设计还有一线生机，所以我们假装撤兵，敌人看见一定会倾巢出动，全力追击，那时他们的大营一定兵力空虚，那么只用一千人去偷袭敌营，就一定可以成功，但是即使设想再周密这项计谋也是兵行险招，十分艰险，有哪位将军愿意去担当此重任"，大家都看着对方，但是无人敢担此重任，众将领中只有秦叔宝和罗士信英勇接战，上前接下令状。当时的罗士信应该只有15岁，英雄出少年，二人联手出击，正是处在初生牛犊不怕虎的年龄。张须陀依计行动，扔下营帐就撤退了，然后秦叔宝和罗士信二人分别率领一千多人埋伏在路边的荒草丛中，静待时机。卢明月果然中计率领军队去追赶张须陀，秦叔宝和罗士信就带着伏兵直接扑上义军营寨，但是对方营门紧闭，秦叔宝和罗士信就攀栅而上，尽管敌人刀枪齐下，二人就用佩刀进行抵挡，翻越高高的栅栏，乘势攻入营寨，他们干净利落，很短时间就已经解决了数十人，然后打开营寨大门，让隋军得以进入，然后跟着四处放火，一共焚烧了义军多达三十多个营栅，一时间烈焰冲天，整个天空都被映红了，卢明月眼看情势知道中计了，赶紧班师回救，却已经为时已晚，张须陀也借势回军勇猛冲锋，敌人彻底被打乱了，面对激烈的战势，卢明月只能带领数百骑进行突围，其余的军队全部做了隋军的俘虏。经过这次战役，秦叔宝就在天下扬名，威震四海。

接下来，秦叔宝又跟随了张须陀平定了许多义军，并且每次都会立下战功，在和孙宣雅激烈的海曲对战中，他起到先锋作用，第一个爬上城楼，很快就打败了首领孙宣雅，然后攻破叛军，被隋朝封授建节尉这一职位，在史书上记载这是秦叔宝的第一个正式官职。可是无奈腐败的统治使天下形势已经一发不可收拾，义军总是散而复合，越杀只会越多，也就注定了大隋忠臣张须陀难以逃脱的悲剧命运。在公元616年，张须陀在和瓦岗军李密在大海寺决战时，隋军中了李密的埋伏，被义军团团包围，身为统帅的张须陀原本已经突围了包围圈，但是眼见部下们无法突围，于是返回去救他们，在千军万马的战场中四进四出，最后力竭战死，以身殉国。有人称张须陀为镇压农民大起义的刽子手，说他双手沾满血腥，但是依照历史而言，他实在是一个大男人，他的忠贞不屈、英勇壮烈的精神让人深受感动、潸然泪下。据史料上记载的内容，自张须陀战死后，他的手下好长时间沉浸在悲痛中，在这中间，不知可有被张须陀领上历史舞台的秦叔宝。那次战役后，秦叔宝就率领残余军队投靠了另一名隋朝大将裴仁基，一直听从裴仁基的调遣与指挥。

在公元617年4月，裴仁基在和瓦岗军作战时失利，索性就投降了李密的瓦岗军，这样一来，自然秦叔宝也就成了起义军瓦岗军李密手下的将领。李密虽然家世高贵，家族世代都是显宦，但不是人们想象当中那种手无缚鸡之力的贵公子。在唐人的史料当中记载，他曾经和翟让靠比试箭法来决定谁来领导瓦岗军。他们比试的方法是，在箭靶的正中央写上一个王字，而在王字中间那一横和一竖的交叉点就是所谓的靶心，谁要是射中了靶心就是最后的赢家，军师王伯当就故意将笔画写得特别细，以此来增加比试的难度。这个李密就不慌不忙地拿起弓箭，轻松地射中了靶心，如愿以偿地坐上了瓦岗军大当家的位置。在瓦岗军中，李密对秦叔宝和程知节两位大将十分看重，他亲自挑选了瓦岗军中八千名最为勇猛的士兵组成了"内军"，分别为左右两军，让秦叔宝和程知节分别进行统领，其实这个军队是李密的专门为自己成立的亲卫队，李密曾经对众人夸下海口说，"我这八千人可以抵得上百万大军"。在李密看来，秦叔宝在瓦岗军中是最勇猛、武艺最精绝的将军。

　　后来，瓦岗军也因为和宇文化及大战失利，李密撇下大军投奔唐朝，秦叔宝和程知节在万般无奈的情势下，归顺了奸雄王世充。秦叔宝在王世充这里得到了高官厚禄，被封为龙骧大将军，但是很快就见识到了王世充的为人。程知节曾对秦叔宝说，"王世充为人心胸狭窄，又老是逼别人诅咒发誓，就活像一个巫婆神汉，他生性诈狡猾，一定不可能是可以实现天下归心的明主，我们跟着他是不会没有出路的"。秦叔宝对他的话深表赞同，下决心离开王世充，另寻明主。这个时候，李渊父子已经是威名远振，并且出师以来一直是势如破竹，秦叔宝和程知节心中十分倾慕，就决定到大唐去实现建功立业的梦想。于是就在公元619年二月，当王世充军与唐军在河南九曲交战时，秦叔宝和程知节就假装是向唐军冲击，结果就一去不回了。把王世充鼻子都气歪了。后来秦叔宝就跟随在李世民左右，立下了不少汗马功劳，并且帮助李世民登上了皇位。在李世民即位后，秦叔宝就不再出战。从此之后，身体就非常虚弱，老是生病。

　　最后在公元638年，秦叔宝因病重去世，被追赠为徐州都督，并和尉迟恭一起陪葬在长孙皇后的昭陵，在墓前还雕刻了石人、石马，以此来彰显他生前显赫的战功和高超的武功，在贞观十三年的时候，唐太宗又改封秦叔宝为胡国公，并且把秦叔宝列入凌烟阁二十四功臣之一，秦叔宝从此青史留名。

战功卓越的苏定方

> 人物名片

　　苏烈（公元592年~667年），世人称为苏定方。汉族人，老家属于今天的河北省，后来又迁居到今天的陕西兴平以南。曾经担任过唐朝的卫中郎将、左武侯中郎将、左卫大将军左骁卫大将军等职位，被封为邢国公，一共管理邢州和巨鹿三百户人家。他本来只是一员普通的战将，是靠自己艰苦的努力立下战功才累迁升为禁军的高级将领，他先后灭掉三国、擒获三位君主，因为这些不凡战绩和正直的性格而深受唐太宗和唐高宗的欣赏，经常被委以重任，是唐朝时赫赫有名的大将。

人物风云

苏定方在早年曾参加过反隋的义军，后又在唐朝建立后追随唐太宗李世民对西部侵犯唐朝的少数民族匈奴开展过多次有力的打击，巩固了唐朝的根基和维护了边境的安全。后来又亲自指挥大军参加了平定百济的战争，立下了卓越的功绩。苏定方是唐朝初期战绩卓著的将领之一。

担任御寇靖边的苏邕是苏定方的父亲，在隋朝末年正直天下大乱的时候，曾经组织过民间的数千名兵勇参加保卫郡县的战争，抵抗外来的作乱武装的进攻。俗话说：老子英雄儿好汉。苏定方正是受到家庭的熏陶，不仅个性正直而且英勇善战。所以只有十几岁的苏定方，也参加到保卫家乡的战役中。他身体剽悍强壮，勇猛善战，胆大心细，每次跟随父亲去参加征讨匪寇的战役，总是身先士卒常常第一个攀登城围，去冲锋陷阵。后来他的父亲去世了，保家卫国的重担就落到了他的肩上，郡守就命令他继续带领那些勇敢的乡勇民兵，保郡安民。那个时候有一个很狡猾的匪首张金称流窜到他的境内，并在郡南一带进行烧杀抢掠危害百姓。苏定方听说以后，率领乡勇去围剿他，但是张金称根本不把他当回事，等到他们真正交手时，张金称才感到此人不好对付，于是便使出了浑身解数，对苏定方猛打狠杀。但是苏定方自小就征战沙场，对这个局面一点不畏惧，充分发挥他灵活强壮的特长，在和张金称拼了几个回合之后，瞅准一个机会就给了张金称一个空子，手起刀落极为干净利落，就把张金称斩杀在马下。后来就进一步扫清了郡南一带的匪患。事情过去不久，流寇张公卿又率领一众匪寇到郡西地区进行烧杀抢掠，苏定方的正义感又被激发出来于是便去郡西寻战，没想到的是这一伙流寇胆小退缩了，于是苏定方率众去追击他们，不惜疾驰二十多里地，砍杀和俘虏一半多的匪徒，于是，郡西获得了安宁。

苏定方在当地是一个少年英雄，郡县官吏和乡民百姓对苏定方的爱民之心和过人的勇气都非常欣赏，因此乡民都非常信赖他并且称赞他。再后来苏定方先后曾经参加过窦建德、刘黑闼的起义军，并且多次在战役中立功。

等到唐太宗李世民登基后，苏定方听说过他的英明，就去应征参军，被封为匡道府折冲。在公元630年，苏定方跟随兵部尚书李靖前去出征突厥颉利可汗。到达碛口后，李靖指派苏定方率领二百骑兵作为前锋，但是在快出发时突然漫天浓雾，在硕大的荒野中竟然连十步之外的景物都看不到，更加辨认不清方向。都说姜是老的辣，多亏军队有多年守边的老兵给他们引路，他们才没有迷路。当他们走到距离突厥军营还有一里远的地方，就雾散天晴，突然发现，原来颉利可汗的牙帐已经近在眼前。苏定方马上精神抖擞，发出一声呐喊，就仿佛一阵风一般便直冲敌营，斩杀敌人近百人。这时颉利可汗携带义成公主狼狈逃走了，剩下的兵卒有的逃脱，有的继续负隅顽抗，但是在看到李靖率领大军赶来，就知道大势已去，于是就全部投降了。回到京师以后，苏定方因立战功被任命为左武卫中郎将。

在公元656年12月，苏定方又跟随担任左卫大将军的程知节征战西突厥的沙钵罗可汗阿史那贺鲁，被任命为前军总管。走到鹰娑川的时候，两万突厥兵突然前来迎战，于是总管苏海政出阵与军队交锋，但是两军互有胜负。然而，这时敌方又增加来了两万援兵，局势发生了变化。这时正在一边歇马的苏定方远远隔着一座小山就望见前方尘土飞扬，于是判断出前方战事异常紧张，于是马上率领了五百骑兵，飞奔十几里杀入激烈的战场。突厥兵立即就四处溃逃，后来他又追击敌人达二十里，英勇杀敌一千五百人，并且缴获了马战两千匹。死马以及遗弃的盔甲旗帜到处都是，数不胜数。副大总管王文度非常嫉妒苏定方的功劳，就对程知节说："虽然说我们打跑了敌众，但是我们官军的伤亡也不在少数，因此胜败还没有最终决定。按照我的意见，我们军队从今天开始，必须结成方阵，把重要物资围在中心，从四面列成队列，所有人马必须披甲戴盔，不论什么时候，遇到敌人就要战斗，这样才可以保证万全。"

同时，他又对众将领假传圣旨，说将领程知节恃才轻敌，让他进行加以节制。于是就命令军队不可以再深入，只允许慢慢往前移动。结果造成所有的将士整天跨在马上，每天穿着盔甲列队，致使士兵全部疲惫不堪，斗志全无；马匹整日拥挤，水草或断或续。苏方定看到军队和士兵的这种情况，心中又着急又生气，实在憋不住了，就向程知节提出已经准备很久的建议，说："我们本来出征来讨伐敌人的，可是现在却只是固守现在这片地方，致使人乏马饿，如果遇到敌人就不战自败了。出征大将胆小害怕成这个样子，还怎么能建功立业？现在你是指挥我们的大将军，一切都应该听从你的指挥。至于那个王文度只是自称另有圣旨就让他发号施令，于情于理都不通。所以依我的意见，应该马上拘捕王文度，快速上报给朝廷。"程知节听完后沉思不语，但是最终没有采纳苏定方的建议。当大军途径恒笃城时，突然有一支突厥主动投降，王文度却说："这些人只是假意投降如果我们离开，他们就会恢复原貌，又来侵扰大唐，不如把他们全部斩首，然后我们得到他们的财产。"苏定方马上就反驳道："这样我们和强盗有什么两样？我们还叫什么讨伐叛乱？"王文度却以副大总管的身份强制压下了他的反驳意见，竟然最后真的杀死了前来归降的突厥兵众。并且瓜分了他们的财物，唯有苏定方拒不接受。后来大军回到长安以后，王文度的违法行为终于被揭发出来，依律处斩。

第二年的时候，苏定方被提升为行军大总管，奉皇帝诏命又一次出征西突厥的贺鲁。并且任命雅相、回纥婆润作为副总管。他们从金山向北进军，首先攻打了处木昆部落，获得胜利之后又继续前进。突厥首领懒独禄亲自率领一万多帐兵众前来向苏定方归降，苏定方善待他们给以抚慰。后来贺鲁亲自率领胡禄屋、五弩失毕等部兵马一共十万多人，前来抵抗苏定方的官军。苏定方就率领回纥和汉兵一万多人来进攻。当贺鲁看到苏定方的军队人数少时，就想要一口吃掉，于是指挥他的大军把苏定方的大军团团包围。苏定方就命令步兵占据南面的小坡，自己组成一个圆阵，全部手持长矛来御敌，他就带领着汉军骑在靠北面一点的小坡上列阵待敌。突厥兵选择先去进攻步兵，可是一连三次都没有能冲破圆阵，并且双方都有了伤亡。这个时候，苏定方突然命令对敌军发起攻击，步兵也起来配合反击，打乱了敌人的重重包围，于是突厥兵就溃退奔逃，苏定方又下令追击了三十多里，一共杀掉人马数万。

到了第二天，苏定方又重新整顿了兵马继续发起追击，结果，胡禄屋和五弩失毕都选择率众投降。贺鲁和另外几个头目带领数百名骑兵向西逃窜，苏定方就下令大军继续追击。当时正值大雪纷飞之时，平地的积雪达到二尺厚，众将领就建议苏定方等待天晴再加以追击，苏定方坚定地说："敌人眼瞅大雪封路，一定会以为我们不能前进，这时一定正在前方休息，只有这种时候我们才能紧紧追上他们，如果我们等待天晴了，他们已经越跑越远了，所以现在我们只能抓紧时间，不怕辛苦，才能建立功业！"将士们在苏定方的激励下在雪夜前行。一直追到伊丽水畔，再次和敌人展开战争。苏定方奋力杀敌，几乎快把所有的突厥都杀尽了。贺鲁只是带了十几个骑兵乘逃跑了。苏定方又派他的副将萧嗣业进行跟踪追击，一直追他们到了石国，终于把贺鲁生擒回来。

苏定方率领大军凯旋，唐高宗李治亲自登楼阅兵，苏定方身穿飒爽军装，带着所擒的俘虏贺鲁献给朝廷。隆重的仪式使他在京都闻名。于是，贺鲁的辖地也归入了唐王朝的版图，在当地设立州县，边界很快就扩展到了西海。苏定方因为功勋卓著很快就升为左骁卫大将军，封为邢国公，并封他的儿子苏庆节为武邑县公。

戎马一生的李勣

▶ 人物名片

李勣（公元594年～669年），原名徐世勣，字懋功。唐高祖李渊赐姓李，为避唐太宗李世民讳，改名为李勣，他出身名门望族，是高平北祖上房徐氏之后。山东菏泽人。他是唐初有名的大将军，与李靖并称，后来被封为英国公。李勣一生历事三朝君王，是出了名的大忠臣，为大唐江山的建立、稳固、强大，立下了不朽的功勋。在他近六十年的戎马生涯中，经历了无数次的战役，立下了赫赫战功，淋漓尽致地表现出他军事家的才干。

▶ 人物风云

李勣家里很有钱，17岁的时候看到天下大乱，就加入家乡的瓦岗军。他在军中为翟让出谋划策，在不侵扰乡亲的情况下劫取公私财物无数，使军队规模壮大。在隋朝派名将张须陀来讨伐的时候，他制止了要逃跑的翟让，与隋军两万多人迎面交战，在这种不利的条件下斩杀张须陀，使得官军大败。

之后，李勣与王伯当知道李密叛乱，两人就劝说翟让推李密为主。以便收买人心，扩大军队的影响。

隋朝派王世充来讨伐李密，李勣多次以奇计让王世充大败而归，因此，李密将他封为东海郡公。后来河南、山东发生洪灾，朝廷赈灾不周，灾民饿死无数。李密采纳了他的建议攻取了黎阳仓，开仓赈济灾区饥民，人心归附，壮大了起义军的队伍。一年之后，宇文化及在江都暗杀了隋炀帝，杨侗在洛阳即位，赦免了李密等人，封他为魏国公，又封李勣为右武侯大将军，派他们一起讨伐宇文化及。宇文化及率军四面围攻李勣守卫的黎阳城时，紧要关头他从城中挖地道，现身城外打了宇文化及一个措手不及，让其大败而去。

说到李勣，就必须先得交代一下李密。李密是个身先士卒，礼贤下士，带兵严谨的人，每每打仗所得的财物都会分给下面的将士。经过与隋军交战之后，他的威信日隆，被人称为魏公。千古流传、辞采壮烈的《讨隋炀帝檄文》也是他让祖君彦所作。后来，因为翟让性格粗暴、头脑简单，又因为他的哥哥和属下数次侮辱李密手下的兵士，两人之间的矛盾日益增长，所以李密在属下的劝说下趁机杀了翟氏兄弟。他制止了要杀掉李勣的手下，并且，对翟让手下叩首求饶的大将单雄信等人，都释而不杀。后来李密又数次大败隋军，最鼎盛时手下有三十多万大军，各地的首领甚至连李渊都推他为帝。在屡战屡胜的时候，因没有饷银而使士兵们心存怨气，导致有几次反败于王世充。其间李密本想用计趁王世充渡洛水的过程中将其歼灭。却不想天意弄人，李密的侦察兵没有及时发觉王世充发军，使王世充的军队全部都上岸了。在不得已的情况下，他只能带小部分军士去投靠李渊。

之后，李勣统领了李密之前的全部属地，但他真是一个有义气的人，他并没有自己占据这些功劳，而是让李密去把这些属地献给唐高祖李渊。唐高祖李渊知道这件事后很高兴，认为李勣是个感恩戴德，朴实正直的人，马上封他为黎阳总管、莱国公，接着又封为右武侯大将军，赐姓为李，并将他的父亲封为舒国公。下旨派李勣统领河南、山东的军士以对抗王世充。

李密归顺唐朝后，之前对他很亲热的李渊却并没有重用他，只让他做了个闲官。不久，朝廷听闻他之前降于王世充的旧部下都有了反叛之意，就派李密去黎阳重新召回旧部下。本来就对朝廷怀有怨念的李密在走到甘肃的时候，朝廷却又派人把他召回，为此他在疑惑和恐惧的心情下决定反唐。当时，王伯当在劝说不动的情形下，决定以性命报恩，随他一起反唐。在隋唐时期，英雄辈出，男人间的义气感人肺腑。后来在唐朝将军史万宝、盛彦师的伏击下，李密及王伯当等人，都被杀了。当时的李密才37岁，虽然《旧唐书》中称他"狂哉李密，始乱终逆"，但隐含的意思是佩服他的杰出才能，礼贤下士，仁德大度的精神。

李勣在知道李密被杀后，就上书请示朝廷容许他收葬故主，朝廷答应了他。他为李密服重孝，和前僚将士以君礼将李密葬在黎山的南面，葬礼非常隆重，朝廷和民间知道后都赞叹他是个忠义之人。不久，窦建德率军擒杀了宇文化及，又大胜李勣，并且，抓了他父亲做人质，迫使他只能守在黎阳。第二年，李勣趁机又归顺唐朝，有人劝窦建德将李盖杀了，但他是个光明磊落的人，说"李勣是个忠臣，只不过是各为其主"，将他父亲送回了唐朝。后来，李勣协同李世民战胜了王世充、窦建德等人，事情一帆风顺，他也功勋赫赫。在这期间，还有一事值得一说。在单雄信投靠王世充之后，极受重用，而他本人也很卖命。秦王李世民在攻打洛阳的时候，被称为"飞将"的单雄信，好几次差点把秦王捅马下，可见此人艺高胆大，李勣在旁看到后都称他为"老哥"。在王世充兵败投降后，李世民把十几名与唐军大战的大将列入了处决名单，李勣哭着去请示，想以自己的家财爵位换取老哥一命，但先前差点被单雄信杀了的秦王是坚决不应。无计可施的李勣，只能与单雄信在大牢中诀别。他在牢中从腿上割下一块肉给单雄信吃掉，哭着说"本来想跟随仁兄共赴黄泉，但得留下来照顾你的家人。就让这块肉随老哥下地，以表示我诚恳、深切的情义。"单雄信死后，李勣像对待自己的家人一样照顾他的妻儿，这真是千古义气的典范。

贞观十五年，李勣被封为兵部尚书，还没到京都上任，就发生了薛延陀部落侵犯李思摩部落这件事。李勣被朝廷任命为朔州行军总管，率领三千骑兵将薛延陀退避青山，使敌师大败，斩杀一位名王，俘虏五万多人。李勣回到朝廷之后就生了重病，药方上讲用胡须灰做药引可治好此病。秦王李世民听说后，亲自剪下"龙须"给他和药,这事成为千古美谈。对此,李勣非常感动,磕头谢恩时额头都见血了。秦王说:"吾为社稷计耳,不烦深谢。"过后在一场酒宴上,秦王将太子托付给他,可见对他非常信任,发誓必以自己的性命保护太子。过后他喝醉睡着时,秦王亲自解下御衣为他盖上,避免他着凉,这样的宠遇,古今少有。贞观十八年,李勣随从秦王征战高句丽,攻破了辽东、白崖等多个城市。贞观二十年,又打败薛延陀部落,收复了碛北。

贞观二十三年,秦王临终的时候,故意把李勣贬为叠州都督。高宗李治即位后,立即将李勣封为尚书左仆射,之后又封为司空。李勣善于审时度势,对于皇家的事情,在他看来,是他们的"家事",无需过问"外人"。这样,一方面可以巧妙地避开陷入皇权争斗的漩涡,另一方面,也可以保全自己。李勣不是皇亲国戚,为人又小心谨慎,又因太宗托付于他的是国家社稷,所以他的表现并不是油滑臣子的作为。正因为这样武后很喜欢他,还亲自慰问他的姐姐,赏赐其衣物,像对待家人一样。

公元666年,高句丽的权臣盖苏文病死,他的儿子男生继承他的职位,对此,他的另外两个儿子男建、男产不服气,将男生驱逐。男生逃到唐朝,恳求派兵帮他。高宗李治任命李勣为行军大总管,率军征战高句丽。来年二月,李勣率领大军一路大捷,最后直抵平壤城,男建多次派兵迎战,却都败下阵来。不久,城中的人投降为唐军做内应,将城门打开,唐兵到处纵火将城门烧毁,男建无法只有自杀,但没死成。最终平壤城被攻下,高句丽国灭。这场战役唐朝一共获得一百七十六座城池,六十九万七千户,设立安东都护府管理高句丽旧地。自隋文帝以来,隋唐多位君王都多次率军征伐高句丽,但都没成功,甚至赔上了自己的王国。直到英勇善战的李勣出马,乘高句丽内乱,加上他杰出的军事才能,将这个多年难拔的"钉子户"一举拿下,如果隋唐几位君王地下有知,必定会惭叹不已。

因征伐劳累,回国后不久的李勣病重,卒于公元669年12月31日,享年76岁。高宗李治停止朝议七天,亲自为他举哀,赠他为太尉,谥号贞武,于昭陵陪葬。

猛将军尉迟恭

人物名片

尉迟恭（公元585年~658年），字敬德，鲜卑族人。老家在今天的山西朔城区，是大盛唐朝的名将，被册封为鄂国公，是著名的凌烟阁二十四功臣中的一员大将，生前担任司徒和并州都督，赐谥号为忠武，死后赏赐他陪葬昭陵。尉迟恭生性纯朴忠厚，跟随李世民一生征战南北，驰骋疆场，立下很多战功。

人物风云

唐太宗李世民登基后，为了赞扬那些曾陪自己征战沙场的开国元勋们，特意在长安城树立了一座巨大的纪念塔名叫：凌烟阁。把那些有突出功劳的二十八个谋臣或将才的画像在凌烟阁上。在这二十八个功臣群像中，既有魏征那样的相才，又有李靖那样的将才，同时还有像尉迟敬德那样的猛将；如果说李靖是靠统筹大局、决胜千里的指挥才能，位居人群像之列，那么像尉迟敬德这样的猛将则是靠忠贞不贰的赤子之心。

尉迟恭因小时候家贫，所以没有读书，目不识丁，但他的长相却非常奇特：脸如黑炭，两眼血红如喷火，身材比常人高大、腰圆膀阔。所以，村里人看见都怕他，背后叫他"尉黑塔"。等到年龄大一些，尉迟恭为了养家糊口开始以打铁为生。但村里的姑娘都因为他穷，样子长得又粗鲁，所以谁也不愿嫁给他，因此尉迟恭到21岁还是光棍一条。

尉迟恭所处的年代正是在隋朝末年，政治统治黑暗，贪官污吏数不胜数，百姓生活在水深火热中，在死亡线上徘徊。尉迟恭再也无法忍受这种不合理的社会，一怒之下，带领一帮人到山上当强盗去了。

有一天，尉迟恭听他手下的小喽啰汇报，说山下有一桩大买卖。于是二话不说，集结了一班兄弟，自己随手拿起两根总重一百二十斤的钢鞭。一跃跳上马背，用他们强盗的黑话喊："扯风开船。"带领队伍就出发了。

其实山下的这桩买卖既不是粮草也不是金银，而是一个大户人家娶媳妇，迎亲队伍不识相的吹吹打打经过尉迟恭的山寨。尉迟恭正好缺一个媳妇，一听说是娶媳妇，就对手下大喝一声："都瞧我的！"然后骑马直奔花轿而去。迎亲的队伍一看见强盗来了，吓得全部扔下东西就跑了，尉迟恭揭开新娘的盖头一瞧：这新媳妇还是一个罕见的美人儿！非常高兴，高声招呼手下的小喽啰："兄弟们，把新娘子给大哥抬上山去，好好庆贺！"于是，这个被抢来的大户人家的媳妇，就成为了尉迟恭的压寨夫人，后来又成了赫赫有名的唐朝大将军的贵夫人。

在隋朝末年，天下形势混乱，各地割据势力四起，刘武周也成就了气候并且称帝定立了国号，刘武周觉得尉迟恭是一员虎将，于是拉拢他一起入伙并封他为将军。可是时间长了尉迟恭觉得刘武周只是为了自己的享乐，不是为了天下百姓，跟着他成不了气候，就想找机会脱离他。

公元619年，刘武周攻入李渊的发家之地太原。当时已做皇帝的李渊听说以后非常惊讶，因为太原是他的根据地，一旦失去那么长安会很危险。当李渊束手无策时，李世民主动请缨收回太原。李渊给他三万精兵去收复失地。李世民率领三万精兵渡过黄河后，以后发制人、坚壁固守的战略，大败刘武周的手下大将宋金刚，尸体绵延二百里。眼见刘武周形势落没，尉迟恭和另一位将军寻相投奔了李世民。李世民初见尉迟恭，就觉得这个黑脸彪形大汉是一员战将，而尉迟恭同样也觉得这个仅仅19岁英气逼人的秦王绝不是等闲之辈，因此，二人都有相见恨晚的感觉。于是，李世民任命尉迟恭担任将军兼右一府统军，让他继续统帅自己的人马。

然而，没过多久，与尉迟恭一起投降李世民的寻相准备借机逃走。所以李世民手下的诸将都担心尉迟恭也会和寻相一样逃走，都劝李世民趁早把尉迟恭杀掉。但是李世民却说道："我好不容易才得到一员良将为什么要杀呢？"但是以唐军大将屈突通为首的将领们为了以防万一，就先把尉迟恭逮捕起来了，然后对李世民极力谏言说："人心叵测，特别是像尉迟恭这样的阵前降将，更加不可以信任，现在尉迟恭已被抓捕，请秦王依律处置。"

李世民听到这些话后勃然大怒："东汉的光武帝能把自己的一颗心交给别人，所以才能在河北定立根基。现在将心比心，敌人也可以成为朋友。如果敬德有叛变的想法，他早就在寻相之前就叛变了，现在他还留在我的军营里，就足以说明他的忠心。"对众将说完这些话后，李世民到帐外亲自给尉迟恭松绑，之后，又把尉迟恭请进屋里，非常诚恳地说："他们都是意气用事，希望你不要介意。"说着，又拿出一包黄金递给尉迟恭说："人生在世只是为了情义二字。将领们都劝我杀了你，可是我不会那样做，如果你一定要离开这里，那这些金子就送给你做路费吧，也不枉费你我英雄相惜的情分。大男人嘛！来去明白。"

尉迟恭听了秦王的一席话，非常受感动，痛哭流涕对秦王下跪道："大王您待人如此宽厚，我怎么能不誓死效力？我万万不敢接受此馈赠的。"从此，尉迟恭就为了李世民而开始出生入死，身经百战的生活。我想这样说都不过分，李世民的大唐江山以及李世民的性命，都是依靠尉迟恭这样的大将才得以平安。而李世民就是用他这种以诚待人的君子气度吸引了不少好汉投入他的帐下，为稳固大唐江山立下了汗马功劳。

公元620年，李世民受命攻打占据洛阳的王世充。没过多久就把洛阳围困了。有一次，李世民和尉迟恭率五百人察看军事地形，没想到遇上了王世充率领一万余骑兵偷袭，李世民被大军团团围住。王世充手下的大将单雄信一看见李世民，就呼啸着朝李世民冲来："李世民，今天就是你的死期！"李世民见到这种情形，只好自己挥刀与单雄信挑战。但是很快，李世民就支持不住，情形十分危急。正在这个时候，忽听得像霹雳从天而降的吼叫："单雄信不要伤害我主！"然后就看见尉迟恭两眼似喷火一般，双手持钢鞭飞奔而来。单雄信早已听说过尉迟恭的名声，今天又看见他如此的威风，心里不禁有些胆怯，只是一不留神，他的长鞭就被尉迟恭打得飞了起来，再来一鞭，单雄信的小命被打飞了。尉迟恭接着保护李世民冲出了重围。

李世民回到营帐以后，马上派人去请尉迟恭，对他说："你怎么这么快就回报我了呢？"并且赏赐尉迟恭黄金一百斤。但是尉迟恭却丝毫没有占为己用，而是全部把它们分给了他的部下。李世民知道这件事后。不禁感叹道："遇到危险的时候不忘记自己的主人，有了钱不忘记自己的朋友，尉迟恭真是一个大丈夫。"

封建帝王与臣下的关系一般都是赤裸裸的利益驱使，但是，尉迟恭靠他的一颗赤子之心，赢得李世民最真挚的感情，一直到李世民晚年，对尉迟恭的忠心仍是深信不疑。尉迟恭也因他的忠心护主被世人当作门神来尊敬。

东征西讨的薛仁贵

人物名片

薛礼（公元614年~683年），字仁贵，汉族人，他的老家和李渊的发家之地很近都在山西，但是他出生在今天山西河津市城东十里之遥的修村，薛仁贵是唐朝名将，著名政治家、军事家。曾经跟随过唐太宗李世民、唐高宗李治两代皇帝，在政治和军事上面创造了"三箭定天山"、"良策息干戈"、"仁政高丽国"等赫赫战功。

人物风云

薛仁贵同唐朝大多数将领一样，少年时代家庭条件很差，家里以种田为生。本来，他想依靠自己的微薄之力改葬去世的父母，但是，他的妻子柳氏却对他说："有超凡才能的人，关键是要把握住好的机会才能有所发展。现在皇帝想要御辽亲征，并且在选求猛将，这对你来说是非常难得的机会，你为什么不去求得一个显赫的功名呢？等到取得成就以后，在为父母改葬也不迟。"薛仁贵听了妻子的话就去见将军张士贵应征入伍。

薛仁贵入伍后一直没有显示才能的机会，终于有一次，军中的郎将刘君印被敌军包围，薛仁贵立刻就去救他，并且，勇猛地斩杀敌军将领，把他的脑袋绑在马鞍上，敌军看见都害怕了薛仁贵，从此薛仁贵名震四方。在唐军进攻安市城的时候，高丽的莫离支派大将高延寿等一共率领二十万士兵进行抵抗，依靠山建立营寨，唐太宗命令各将分别进攻他。薛仁贵觉得自己很勇猛，想要在太宗面前立战功，于是，就特意穿了白色的战袍，腰间挂了两张弓，提了自己的长戟，大叫着飞驰向敌军杀去，一路威风凛凛，杀敌无数；军队沿着薛仁贵开辟的道路乘胜追击，敌军被杀得溃不成军。太宗看见这种情势，委派使者马上赶去询问："军队中穿白色战袍的人是谁？"部下回报说："薛仁贵。"于是太宗亲自召见他，对他的才能感叹不已，赐给他许多黄金、绢帛和奴婢、马匹等许多东西，并任命他为游击将军和云泉府果毅都尉，并命令他专职在北门值班。

班师回朝之后，太宗对薛仁贵说："我的很多部将都已经打不动仗了，所以很想提拔一些作战勇猛的人在外统兵征战，但是没有遇到一个像你那样让我满意的，这次征战让我最高兴的不是收获辽东，而是得到了你这员猛将。"于是，薛仁贵升任为右领军中郎将。

唐太宗死后，薛仁贵继续为唐高宗效命。有一次，高宗夜宿万年宫，正好遇到山洪暴发，到了晚上，水马上就要冲到玄武门，夜里守卫的战士都已经离开，但是薛仁贵说："当你的天子遇到危险的时候，怎么可以贪生怕死？"于是，马上就去敲门大声呼喊，叫醒宫中的人，高宗急忙出来站到不会被水淹没的地方。过了一会儿水就到达了高宗刚才睡觉的地方，高宗感激地说："因为有你我才没被淹死，现在我明白谁是忠臣了。"

苏定方上奏要讨伐突厥沙钵罗可汗贺鲁，薛仁贵上疏说："微臣听说如果师出无名，那么事情往往不会成功；只有证实了他们是真正的盗贼，敌人才会心服口服。臣听说现在因为泥熟不肯侍奉贺鲁，而被他打败，然后贺鲁就像对奴隶一样捆绑他的妻子儿女，如果我们能胜利打败贺鲁并从他的部落里救了泥熟的家人，那么应该让他们回家，并且给予优厚赏赐，这样可以使百姓都知道贺鲁的惨无人性，然而陛下您道德高尚。"高宗采纳了薛仁贵的意见，于是，遣还了泥熟的家属，从此之后，泥熟誓死效忠唐朝。

公元658年，薛仁贵接受任命为程名振的副将带领军队去征战辽东，在这次战役中大败辽军，消灭了辽军三千人。第二年，薛仁贵和契苾何力、梁建方与高丽的大将温沙多门在横山进行了一场大战，薛仁贵在横山大战中非常英勇，独自一人带着弓箭骑马进入阵中，箭法很精准，只要被射中的人全部倒下。后来他们又在石城开始了一轮战斗，但这次敌营中有一个射箭精准的人，射杀唐军官军总共十多人，薛仁贵看到以后大怒，又独自一人突入阵中击杀那个箭法好的人，没想到居然打得那个敌军都没法用弓箭了。于是，薛仁贵活捉了他。不久以后薛仁贵又和大将辛文陵在黑山击败契丹，并且生俘了他们的大王阿卜固并把他押送到东都洛阳。因为战功赫赫薛仁贵升官做了左武卫将军，并且获得封号河东县男。

皇帝下令薛仁贵作为郑仁泰的副将到铁勒道去担任行军总管。在他出发之前，皇帝在内殿摆宴为他送行，宴席间天子对薛仁贵说："据说古代擅长射箭的人可以一箭把铠甲上的七层金属叶片射穿，爱卿你就先试着射五层甲片来看看吧！"结果薛仁贵不费吹灰之力就射穿了，天子非常惊讶，于是，拿出更加坚固的铠甲赏赐给他。当时薛仁贵要去任职的九姓铁勒的部落共有十多万人，他们分别派出骁勇善战的骑兵几十人去挑战他，然后薛仁贵先发制人，只是轻松射了三支箭，就连着杀死三个人，看到这种情况铁勒既受震动又害怕，于是纷纷前来投降。但是薛仁贵害怕会留有后患，就把他们全部杀了。接着又去讨伐在沙漠以北地区的剩余残部，结果擒获伪叶护兄弟三人回来了。于是军中常听到有歌谣唱道："将军三箭定天山，壮士长歌入汉关。"从此九姓衰落了。

　　在乾封年间初期的时候，高丽的泉男生要求归附唐朝，于是朝廷派将军高偘、庞同善先去慰问表示接纳他们的意思，然而他的弟弟泉男建居然率领国内的群臣百姓反对归顺唐朝，为了保护两位将军的安全，朝廷特派薛仁贵率领军队去护送庞同善。等到唐军一行人到了新城的时候，晚上遭到了袭击，但是被薛仁贵击败了，并且斩杀他们数百个人。等到庞同善进驻金山的时候，吃了败仗的敌军不敢再前来冒犯，但是，泉男生选择乘胜追击，薛仁贵攻打敌军并把他们划分成为两部分，于是敌军溃散了，在此次战役中斩杀敌兵五千人，并且取得了苍岩、南苏、木底三座城池，最后与泉男生带领的军队会合。天子亲自撰写诏书以此来慰劳勉励薛仁贵和士兵。薛仁贵想要依靠振奋的士气，率领二千士兵去攻打扶余城，但是其他将领都认为兵力太少不宜出战来阻止他，薛仁贵却说："兵不在多，只要运用得当就可打胜仗。"在攻打扶余城时他身先士卒，遇到敌人就奋力杀敌，总共杀了一万余人，最终攻占了扶余城，接着又开始沿着海域扩张版图，后与李勣率领的军队会合。扶余城投降以后，辽海地区其他的四十个城也陆续前来投降，从此薛仁贵威震辽海区域。

　　薛仁贵一生征战沙场无数，为唐朝立下汗马功劳。永淳二年这位威震一时的大将军英魂永逝，享年70岁。死后，天子赠他官位幽州都督、左骁卫大将军，并且官府，护送他的遗体回归家乡。

"军人楷模"郭子仪

> 人物名片

郭子仪（公元697年~781年），是中唐时期的著名将领，汉族人，老家在今天的陕西华县，老祖宗的发源地在山西的汾阳。最初因为武功高强而从军，曾经做过朔方节度右兵马使、九原太守。郭子仪可说是玄宗、肃宗、代宗、德宗四朝的元老。一生战功无数，大唐因为有他才得以安宁20多年，历史上称他"权倾天下而朝不忌，功盖一代而主不疑"，拥有很高的声誉和威望。郭子仪，享年85岁，赐谥号忠武，并享有和代宗庙同样的待遇。

> 人物风云

公元755年爆发了著名的安史之乱，安禄山率兵攻打大唐，20万大军浩浩荡荡从范阳进发，直入中原；攻下洛阳，连闯潼关，把唐宗李隆基逼上了进蜀的道路。正在大唐江山风雨飘摇的时候，出了一位力挽狂澜的大将军，奋力顶住了安禄山叛军的猛烈攻势，并且收复了一片片被霸占的国土。在收复长安的战争打响前，唐肃宗无限期望地对他说："唐朝能否回到以前，关键在此战了。"他信心满满的表示："这场战役打不赢，臣绝不活着回来"这位就是平定安史之乱的大将郭子仪。

在安史之乱被平定后，郭子仪很想告别战争的生活功成身退，和家人去过平静而安详的生活。然而，郭子仪注定一生要为唐朝奔波，退隐不久，长安又一次遇到了叛将和异族的严重威胁，于是，退敌护唐的重任又一次放在了年事已高的郭子仪肩上。

代宗李豫原名叫李俶，当初从他父亲肃宗手上接过的大唐江山就已经是由盛世转为衰败的时候。从人口方面来说，就已经能够说明问题了。在天宝年间，唐朝共有906万户，然而到代宗广德二年的时候，就仅剩290万多户，竟然减少了三分之二。

然而，祸不单行，公元763年，由叶谷浑、吐蕃、党项、羌、氐等少数民族组成的20万大军,开始进攻唐朝的大震关也就是今天陕西陇县以西,边关岌岌可危,但是身为皇帝的代宗却被内侍监程元振蒙在鼓里。

各族大军势如破竹攻入了大震关,接着继续深入大唐内地,在这个关键时刻泾州的刺史高晖居然投降了吐蕃,为叛军做向导,更加速了联军的进攻速度。叛军一路直捣黄龙,直逼京都长安。

当代宗皇帝听到这个消息时,各族大军早已深入大唐心脏地带,然而,这时想找一位能带兵打仗的强将都找不出来,那位战功赫赫的将领郭子仪早被太监鱼朝恩和程元振进谗言被解职在家。在这岌岌可危的时候,所有人都想起了郭子仪,代宗下旨任命他为副元帅组织军队抵抗,又下令命下属各镇节度使到京师奋力救驾。

然而各镇节度使接到命令以后,都迟迟不出发,因为太监程元振曾设计害死过淮西节度使,他们害怕入京以后同样也会受到程元振的暗害。

当各族联军逼近长安时,代宗皇帝为了保命早已逃离,入侵军攻入长安后找了一名叫李承的人,把他立为名义上的傀儡皇帝,他们准备长期占据中原。

当老将郭子仪得到圣旨的时候,没有一兵一马可供他调遣,然而他没有轻言放弃,而是积极去召集自己曾经带领的将士,他先是找了20多名以前的部下,后又让这20多人到各处去招兵买马。当各州县官府失利的军队听说郭子仪要复出带兵抗敌,纷纷都感觉有了主心骨,大老远赶来与郭子仪一起抗敌。甚至按兵不动的节度使白孝德也在他的判官段秀实的劝说下,起兵抗敌,在很短的时间里,郭子仪组织了一支大军。

可笑的是,郭子仪还没有带兵出战,以吐蕃为首领的各族联军,听说郭子仪要带兵攻打他们,吓得连长安也不要了,屁滚尿流的退回青海去了。

经过这次长安之危,人们认识到仅凭郭子仪的名声和威望,威胁就能得到解除,于是,皇帝和大臣们更加重视郭子仪的价值。

在公元764年,大将军仆固怀恩因为对朝廷充满愤恨,为了报复大唐,于是勾结吐蕃、回纥联军再次进攻唐朝。代宗自然首当其冲又派老将郭子仪出马,带兵平定叛军。

郭子仪亲自率军驻扎在泾阳,然而带领的军队仅有1万人,而联军却有比他高出十倍的人马。吐蕃与回纥两个部落分别驻扎两座大营，将泾阳城团团包围。

郭子仪知道，凭借自己区区1万人去和10万人斗，那结果即使不是全军覆没，也无法取胜，应该对他们晓之以理，动之以情，劝他们自动退兵。做出决定之后，他就派牙将李光瓒到回纥营中，对回纥大帅药葛罗说："我家将帅郭令公派我来跟大帅说，希望不要忘记当年共同作战的情谊，还是早日退兵为好。"药葛罗大帅说："郭元帅很早就辞世了，你以为我是傻子吗？别想骗我！"李光瓒信誓旦旦地说："我向天盟誓，郭令公仍然健在，是决不会骗你的。"药葛罗还是疑惑，说："如果你们郭元帅还健在，我能跟他见一面吗？""这个……"李光瓒不知该如何应对，于是就说回去请示后再来答复。

李光瓒回营后，把事实原原本本告诉了郭子仪，郭子仪立即召集将领们商议应对的策略，他说："现在我们和敌人力量相差太大，如果硬碰硬肯定吃亏。凭我当年与回纥的旧情，不妨去见见药葛罗。如果能说服回纥退兵，只剩下吐蕃也就容易对付了。"

诸将也想不出更好的办法了，于是建议郭子仪带领500骑兵跟随保护他，郭子仪坚决不同意，说："敌人有10万大军，如果想取我性命，500骑兵又管什么用？所以我带几名随从就足够了。"

郭子仪戎装上了马，正准备出城，他的儿子，担任兵马使的郭晞听说事情以后赶来死死拽住马缰劝告道："爹爹，回纥狼子野心，您身为国家元帅，怎么能孤身独闯险境呢？"郭子仪骑在马背上，义正词严地说："如果我们两军交战，那最大的可能是我们父子俩都将战死。我们死不足惜，可是，在我们身后就是京都长安，如果失败那时国家也就面临危险了。我去见一下药葛罗，去晓之以理，或许这是唯一能转危为安的方法。真能成功那也就是天下百姓的福气。"郭晞无法说服父亲，只得眼巴巴看着父亲带着五名骑兵，向回纥军营走去。

郭子仪威风凛凛地骑着马进入回纥大营，哨兵都认为他是普通的送信使者，都没有搭理他。这时，郭子仪身边一名随从大声叫道："大唐元帅郭子仪来啦！还不快出来迎接"哨兵听到这句话，连忙去报告主帅。

大帅药葛罗本来拿着弓箭，带领所有酋长们骑马在营前排队等候，可是看见唐军只是来了六个人，于是下了马，扔掉手中的兵器，徒步向郭子仪走来，那个为首的白发银须的人，就是已经高龄 69 岁的老将郭子仪。

药葛罗只一眼就认出大将郭子仪，非常惊喜地对身后众将军说："真的是郭元帅来啦！"于是带头跃下马对着郭子仪叩拜。

郭子仪拉着药葛罗的手，首先是问候了回纥可汗叶护，然后厉声指责道："回纥以前对大唐有功劳，大唐与回纥相亲相爱。但是现在你们怎么能背弃盟约进攻大唐呢？帮助叛臣背离自己的恩人，实在不是一个有情有义的民族应做的事。我现在只身而来，随便你处置……"

药葛罗也感觉不好意思了，赶忙解释说："其实都怪仆固怀恩欺骗我，他说当今唐朝皇帝已经病逝，您也被恶人害死，我才和他一起来。现在既然我知道皇上还在长安，又亲眼看到令公，才知道自己上了当。现在，仆固怀恩已经病死，也算是得到了天诛。我怎么能再和您交战呢？"

郭子仪听完这些话后，心里暗暗高兴，觉得劝说回纥退兵有希望，又继续说："吐蕃不顾前朝结亲的情谊，在大唐边境侵吞土地，杀人放火。现在他们从唐朝抢走的财物用好几辆车都装不下，抢去的牛羊到处都是。如果你们能帮助打退吐蕃，那这些财产、牛羊就全给你们了，希望你们不要错过这个机会。"

药葛罗非常高兴地答应，说："我曾经蒙受仆固怀恩的骗，已经觉得很对不住令公。今天我一定全力协助令公击退吐蕃来表示歉意。"

当时，药葛罗就让部下拿出酒，手下众将陪着郭子仪畅饮。郭子仪喝了几杯酒以后，指天发誓："……如果有背弃约定者，在阵前丧命，整个家族灭绝！"药葛罗也重复了一遍郭子仪刚才说过的誓言，于是在场众人兴高采烈，气氛热烈而友好。药葛罗马上就决定，要派酋长石野那等 6 位使者到长安朝觐见代宗皇帝，以示和好之意。

当吐蕃统帅听到回纥与唐军和好，并且要共同对付他们的消息，就急忙连夜退兵。就这样简单，郭子仪仅凭自己的一张嘴，竟然让 10 万大军退却。

然而郭子仪并没有就此满足，而是命令大将白元光率领骑兵联合回纥药葛罗大军紧追吐蕃军，一直追到灵台西原地区，展开一场激战，一共歼灭吐蕃军队 1 万余人。总共夺回吐蕃掠去唐朝的 4000 名子女，接着又与吐蕃在泾州打了一仗，吐蕃又一次失败，彻底退到边境以外。

王佐之才李靖

人物名片

　　李靖（公元571年～649年），字药师，汉族人，老家在今天的陕西三原县东北。是隋末唐初的著名将领，而且是唐朝文武双全的知名军事家。后来被册封为卫国公，历史上被称为李卫公。他的爷爷李崇义曾在在北魏时期出任过殷州刺史。他的哥哥叫李端，字药王，隋朝的将领；他的舅舅名叫韩擒虎，与他的哥哥一样同为隋朝的名将。李靖最擅长就是用兵，在出征谋略方面出类拔萃，并且写过多种兵书，可惜的是大多都丢失了。

人物风云

　　李靖出生在官宦之家，父李也是隋朝官员，一直做到赵郡太守。李靖长得仪表堂堂，英雄魁梧。因为受家庭因素的影响，从小就学习"文武才略"，而且非常有进取之心，曾经对他的父亲说："作为大丈夫一旦遇到识才的君主，一定会建功立业，来求取荣华富贵。"他的舅舅韩擒虎是隋朝的一名名将，每次和他一起谈论兵事时，都拍手称绝，并拍着他的肩膀对他说："可以和我讨论孙、吴之术的人，只有你了。"李靖首先担任了长安县的功曹，后来又担任殿内直长、驾部员外郎。即使他的官职卑微，但是，他的才干却在隋朝公卿之中颇为有名，担任吏部尚书的牛弘曾经称赞他有"王佐之才"，隋朝的大军事家、左仆射杨素也曾经指着坐床对他说："你理所应当坐在这里！"

　　公元618年5月，李渊破隋建唐称帝，二儿子李世民被册封为秦王。为了平定那些四分五裂的割据势力，李靖跟随秦王东进，一举平定了已经在洛阳称帝建号的王世充，因为军功而被授权建立府邸。从此以后，李靖也开始初试锋芒。当进攻王世充的战役打响不久后，一直盘踞在江陵的后梁萧铣政权派遣舟师沿江而上，企图夺取唐朝峡州的巴、蜀等地，结果被担任峡州刺史的许绍所击退，于是，就退守安蜀城以及荆门城地区。为了歼灭后梁萧铣这一强大的割据势力，唐高祖李渊调派李靖赶赴夔州去消灭萧铣。李靖收到命令以后，率领数几十个战士去赴任，然而在经过金州时，恰好遇到蛮人邓世洛率数万人积聚在山谷间，庐江王李瑗进行讨伐，但是却接连失败。于是，李靖为庐江王出了良策，一举打败了久攻不下的蛮兵，并且抓获了许多俘虏。接着就顺利地通过金州，到达峡州。这个时候，因为萧铣控制着险塞之处，因此行动再次受阻，迟迟不能通过。

然而，这时候，李渊却以为他故意滞留不前，企图贻误军机，就下了秘密诏令让许绍将他处死。幸亏许绍爱惜他的才能，勇于为他请命，才使他免于一死。不久以后，开州的蛮人首领冉肇则背叛唐朝，率兵进攻夔州，但是郡王李孝恭率唐军出战接连失败，于是李靖率领八百士卒突袭敌军营垒，大破蛮兵。然后又在险要的地方布下伏兵，一举战胜大军而杀死肇则，俘获俘虏达五千多人。当捷报被传递到京师时，唐高祖非常高兴地对大臣公卿说："我曾听说过使用有功之人不如使用有错之人果然很有效。"于是立即颁下玺书，慰劳功臣李靖说："爱卿竭尽全力，理应受到表彰。你的忠心我已经明白，你以后的荣华富贵不用再担心了。"李靖的精诚至忠，最终博得了李渊的信任，改变了以往对他的成见，并且亲笔给李靖写信说："以前的事我已经忘了。"

公元 625 年 8 月，突厥颉利可汗率领十万余人越过石岭，大举进犯太原也就是李渊的老家，唐高祖急了，马上命李靖为行军总管，率领一万多江淮兵坚守太谷，和并州总管任瑰等人合力迎击敌人。但是由于突厥来势汹汹，致使诸军迎战都失败了，任瑰军队甚至全军覆没，只有李靖一支军得以保全。不久以后，又调任李靖担任灵州道行军总管，并抗击东突厥。

武德九年的八月，唐太宗李世民刚即位没几天，突厥颉利可汗就乘唐朝皇帝更替之时，率领十几万精锐骑兵再次进攻泾州，并且长驱直入，率兵到达渭水便桥的北面，并且不断地派精骑进行挑战，还派他的心腹执失思力入朝，以查探虚实。由于当时征调的各州军马还没有赶到，长安市民能拿起兵器打仗的人也不过只有几万人，形势相当危急。在这种情况下，太宗曾经冒险亲自到达渭水桥，与颉利可汗结成盟约，突厥才答应退兵。完事后，太宗就升任李靖为刑部尚书，不久又转任为兵部尚书。因为他作战屡战屡胜，又赐他实封四百户。

不久以后，东突厥的国内又发生了变乱，以前属于回纥、薛延陀、拔野古诸部接连离，又恰好遇上暴风雪，羊马死亡很多，因此发生了饥荒，族人纷纷分离。公元629年8月，唐太宗接纳了代州都督张公瑾的意见，决定主动进攻东突厥，命令兵部尚书李靖担任定襄道行军总管，张公瑾为副，发起了轰轰烈烈的军事攻势。又任命华州刺史柴绍、并州都督李绩、灵州大都督薛万彻等为各道总管，率领十几万人的军队，分别出击突厥。

贞观四年的正月，寒风凛冽，李靖带领三千精锐骑兵，不顾严寒，从马邑向恶阳岭进发。颉利可汗没有预料唐军会突然来袭，于是兵将自顾自地，全部惊慌失措。他们由此判定：假如唐兵不是倾国而来，那么李靖绝对不会孤军深入，于是"一日数惊"。李靖探听到这一消息后，密令间谍离间突厥的心腹，他的亲信康苏密前来唐朝投降。李靖立即进攻定襄，在夜幕的掩护之下，一举攻进城内，俘获了隋齐王杨暕的儿子杨正道以及原炀帝的萧皇后，颉利可汗仓皇之余逃往碛口。李靖因为立下军功被进封为代国公，赏赐物六百段及各种名马、宝器等。太宗得意地对大臣说："当年李陵依靠五千步卒进攻沙漠，然后在匈奴沦为奴隶，他的功劳尚且被记录在书竹帛上。李靖今天率领三千骑兵，嗜杀敌人攻入定襄，从古以来从未有过，足可以雪渭水的耻辱！"

在李靖顺利进军的同时，李绩也率领大军从云中出发，和突厥军在白道遭遇。唐军拼尽全力冲杀，把突厥军打得四散逃离。颉利可汗一败涂地，损失严重，于是退守铁山，收集到的残兵败将，却只有几万人马了。

颉利可汗可谓到了山穷水尽的地步，他派心腹执失思力入朝投降，请求依附于唐朝，并表示愿意归顺入朝。其实，他内心还是有叛变心理，只是为了赢得时间，以求得苟延残喘的机会，等到兵肥马壮的时候，再占据大漠以北，然后卷土重来。

唐太宗派遣鸿胪卿唐俭等前去进行安抚，又命令李靖率兵迎接颉利可汗入朝。李靖率兵到达白道后，与李绩商议说："颉利虽然战败，但是实力仍然存在，如果再次占据漠北，依附九姓，并且道路遥远，在歼灭恐怕难上加难。今天诏使在我们手里，他们的心必定会放松，如果选择一万精骑，带上二十天的粮去袭击，不用太费力就可以取胜。"商议确定后，就率领大军连夜出发，李绩随后出发。

当李靖率军到达阴山周围时，遇到突厥十几万大军，一举歼灭并俘虏，命令他们和唐军一起出行。这个时候，颉利可汗见到了唐使臣，逐渐放松了戒备。李靖命令前锋苏定方率领两百余骑乘着大雾天气，悄悄进发，直到距离主帐还有七里远的地方才被察觉。仿佛惊弓之鸟的颉利可汗慌忙骑马逃命，突厥军也向各处逃去。李靖率领大军随后赶到，一共杀敌达一万多人，俘虏达到十几万人，缴获牛羊数目达到十万只（头），并杀死了隋朝的义成公主。颉利可汗率领一万多人想要到大漠的北边，然而，在碛口受到李绩的阻拦，不能向北逃去，他们的大酋长已经率众投降了。不久以后，颉利可汗就被大同道行军总管任城王李道宗俘获，并被送到京师。东突厥从此彻底宣告灭亡了。

突厥的灭亡，李靖可以说是功不可没，然而，是人都会老死。公元649年，李靖因为病情恶化，唐太宗亲自前往病榻慰问。他看到李靖病危，痛哭流涕，十分伤心地对李靖说："你是我今生的朋友，对国家有功劳，现在看你病成这样我非常担心。"在这年的四月二十三日，李靖逝夫。享年79岁。

足智多谋的李光弼

▶ 人物名片

李光弼（公元708年~764年），老家在今天的辽宁省朝阳，属于契丹族人。李光弼在公元756年初，被郭子仪推荐作为河东节度副使，参与了平定安史之乱。公元759年7月，担任天下兵马副元帅的职务，曾一起参与镇压了东袁晁所领导的农民起义军。

▶ 人物风云

公元757年春，在唐朝平定安史之乱的战争中，担任唐朝北都留守的李光弼率领军民坚守李家王朝的发源地太原，同时挫败了史思明等部多次围攻。在安禄山遣兵攻入潼关后，正把史思明围困于博陵的李光弼部，撤出包围向西进入井陉，也就是今天的河北获鹿西南，后还太原。于是，史思明再次攻占常山，夺回了河北全境。那个时候，李光弼所率领的精兵都已经调往朔方，太原只剩下河北兵 5000 人，加上地方武装，也不过万人。面临叛军的强大攻势，诸位将领都感到惶惧不安，主张修城自卫，李光弼却认为，太原城方圆共达 40 里，叛军将要到来而动工修城池，是没有见到敌而首先使自己陷入困境。于是，他率领一众军民在城外挖掘壕沟，并做好了几十万个防御的土砖坯。一旦史思明的大军开始打太原，他就命令将士用土坯修固营垒，哪里被损坏，就用土坯来补上。史思明曾经派人到山东去取攻城的器械，派遣番兵 3000 人进行护送，然而途中被李光弼的遣兵拦击，将其全部歼灭。

史思明已经围攻太原数月，但是仍然攻不下来，于是便挑选精锐士卒作为游兵，让他们去进攻城南地区，然后再转攻城西，自己则率领士兵去攻打城北，后来又转攻城东，尝试寻找唐军防守的漏洞。然而，李光弼治军严密，警戒巡逻没有一丝一毫的懈怠，使史思明无路可走。李光弼又派人挖掘一条地道，一直通到城外，当叛军在城外叫骂挑战时，经常不防备就被唐军拖入地道中，然后拉到城墙上斩首，吓得叛军心惊肉跳，在走路时都只顾着低头看地。后来叛军又用云梯和筑土山来攻城，唐军便事先在城下挖好地道，使他们靠近城墙就会塌陷。李光弼为了阻止叛军的强行攻城策略，还发明在城上安装大炮，以此来发射巨石，一发就可以击毙叛军 20 多人，史军的士卒大多都死在飞石之下，于是，军队被迫后退，但是围困情势却愈加严密。李光弼为了打破叛军的围困局面，以诈降作为手段，与叛军相约日期出城投降，但是暗地里派人挖掘一条地道直通至叛军的军营之下，首先，用撑木支顶。到了约定的日子，李光弼派部将率领数千人出城假装投降。叛军不知道有诈，正当调动出营时，突然营中地面下陷，死了几千余人，顿时局势一片慌乱。唐军乘机擂鼓猛烈进攻，共歼灭叛军达万余人。

正在太原之战紧锣密鼓地进行时，安禄山被他的儿子安庆绪所杀。安庆绪夺取他父亲的帝位后，命令史思明退回坚守范阳，只留下蔡希德等人继续围困太原。二月的时候，李光弼率军大举出击，击破蔡希德大军。由于李光弼刚强坚决，用兵战术灵活，特别是以防御作战最为著名。治军纪律严谨，所率部队屡战屡胜,当时节度使兵败城时,只有李光弼和王思礼两位节度使整军归还。他曾不顾皇帝的敕令斩杀了不服从军令的御史崔众、左厢兵马使张用济等人。在收复常山的战役时,释放了被囚困的百姓,军纪极为严明,受到民众的爱戴和敬服。

安庆绪即位后继续攻打大唐。李光弼觉得洛阳城太难守卫,便移军到洛阳以北的黄河北岸的河阳。史思明占领洛阳后又怕李光弼攻击他的侧后方,又退回到洛阳东面的白马寺里,与李光弼进行隔河对峙的战争。但是史思明有千余匹良马,每天都会赶到黄河里去洗澡。于是,聪明的李光弼找来了 500 匹母马,并且将马驹全部留在城里,然后将这些母马赶到黄河边。母马因为见不着马驹,而长嘶不已。南岸史思明的马全部都是公马,在听到母马的嘶鸣后,全部跑到黄河的北岸,被唐军所擒获。

在一天的早晨,叛将周挚率领大军进攻河阳的北城。李光弼登城观察之后对诸位将领说:"敌军虽然人数众多,但是阵形比较乱,所以不到中午就可以被攻破。"然后分别派了任务并且规定诸位将领要严格按照令旗的动作来行动,如果旗缓,就可以见机行事;如果急舞旗一共三次,就要马上拼死杀敌。交战不久,李光弼看见叛军气势稍微有所松懈,就下令立即舞旗三下,诸将就同时喊着杀声冲锋向前。叛军无力抵挡其攻势,于是,四散溃败。叛军被俘虏并且被斩杀达 1500 多人,另外还有 1000 多人被淹死。以后的李光弼在和叛军交战中总是屡屡获胜。由于李光弼在河阳牵制住了叛军的主力,使他们不敢再西进,从而确保了长安的安全。公元 760 年 11 月,李光弼又乘胜收复了怀州。第二年,因为唐肃宗轻信了鱼朝恩的谗言,催促李光弼立即进攻洛阳。李光弼上奏说:"敌人攻势尚且尖锐,不可贸然出击。"但是肃宗完全不听。

于是,李光弼被迫进攻洛阳,但是在洛阳北面的邙山失利战败,只能退而保闻喜。这个时候,在河阳黄河两岸的僵持局面发生变化,长安已经极其危险。经过邙山战败以后,李光弼请求处分。但是,肃宗并没有多加怪罪,并且命令他担任太尉兼河南副元帅,统领河南等五道行营节度使的权力,镇守临淮。公元 762 年,史朝义进攻河南,围困了宋州。诸将因为寡不敌众劝告李光弼退却保扬州。他却说:"朝廷全部倚仗我,如果我再退缩的话,朝廷还能有什么希望?"于是坚决进驻徐州,向史朝义发起进攻,迫使他解除徐州的围困局面。他再一次因为战功而被进封为临淮王。

然而,唐代宗登基后信开始任宦官程元振、鱼朝恩。程、鱼对李光弼百般猜忌,多次在皇帝面前诬陷李光弼,使李光弼心怀疑惧,不敢再入朝为官。在公元764年在徐州因为病重去世。

草人借箭的良才张巡

人物名片

张巡(公元708年~757年),是"安史之乱"时期著名的抗战英雄。祖宗发源地在今天的山西永济,是唐朝河南邓州人。从小就勤奋爱学,浏览大量书籍,做文章从来不打草稿,长大以后就乐善好施,行侠仗义,并且非常有才干。在公元757年,安庆绪委派手下尹子琦率领十三万大军南下攻打睢阳,他和许远等数千名将士,在既无粮草,又无援兵的情况下守卫淮阳,英勇抗战,但最终寡不敌众,以身殉国。

人物风云

我想三国里的诸葛亮大家都非常熟悉,不费吹灰之力就得到十万支箭的草船借箭的故事更是记忆深刻。今天要说的就是与诸葛亮有同样智慧的张巡是如何用草人借箭的。当年安史之乱爆发,唐玄宗被迫逃离长安,紧接着安禄山率领叛军就攻进了长安。唐朝大将李光弼、郭子仪听到长安失守的消息,不得不放弃刚刚收复的河北,李光弼选择退守太原,而郭子仪则退守灵武。

其实,在叛军进入潼关之前,安禄山已经派唐朝的叛将令狐潮去攻击雍丘(在今天的河南杞县)。这个令狐潮原本是雍丘的县令,但是在安禄山率军占领洛阳的时候,他就投降安禄山。在雍丘县附近有个叫真源县的地方,而这个县的县令名叫张巡就是我们要说的主人公,宁死不愿投降,并且发动百姓征集了一千多名壮士，提前占领了雍丘。令狐潮接受安禄山的命令带了四万多叛军来进攻。张巡和雍丘全体将士誓死坚守两个多月，将士们每天穿戴着盔甲吃饭，受伤后自己包扎好伤口就又加入战斗，两个多月里曾打退了叛军多达三百多次的我围攻，并且杀伤一批又一批的叛军致使令狐潮最后只能退兵。

在令狐潮第二次集结人马来攻城的时候。长安被攻陷的消息已经传到雍丘，令狐潮十分得意，派人送了一封劝降信给张巡。

长安沦陷的消息在雍丘唐军将士中传播开了。于是雍丘城里的六名将领，在以前都是很有名望的人，但是看着当时的形势，都有点动摇了。他们一起去找张巡劝说："现在我们和对方力量悬殊太大，而且，现在皇上是死是活也弄不清楚，还不如提早投降吧。"

正直的张巡一听这些话，肺都快气炸了。但是表面上仍然装作无所谓，当时答应等到明天和大伙一起商讨。到了第二天，他把全县将士召集到了厅堂，派人把六名将领叫到厅里，当众宣布他们犯了动摇军心、背叛国家的罪，下令当场把他们六人斩了。将士们看了以后，都被张巡的爱国热情所鼓舞，表示和敌人决血战到底。

在接下来的日子里叛军一直在攻城，张巡安排兵士在城头上用射箭的方法把叛军逼回去。但是，时间一长，城里的箭很快用完了。为了寻找箭的事，张巡心急如焚。

然而聪明的张巡最终想到了办法。在一个漆黑的深夜里，雍丘城头上出现了黑压压的一片，模模糊糊看着好像有无数个穿着黑衣服的士兵，沿着一条绳索爬到城墙下面。这件事被令狐潮手下的小兵发现了，于是立即报告给了他。令狐潮当即判定是张巡趁夜里派兵来偷袭，就准备弓箭手向城头放箭，一直放箭放到天色渐亮，叛军再去仔细看的时候，感情那城墙上挂的全是张巡编的草人。

而那边雍丘的城头上，张巡手下的兵士们兴高采烈地拉起草人。那一千多个草人的身上，鳞次栉比的插满箭。兵士们只是错略的数了一下，居然有几十万支箭。这样一来，城里的军士们再不用为箭发愁啦！

又过了一段时间，城墙上又出现了像那天夜里一样的"草人"。令狐潮的手下看见觉得既好气又好笑,都认为又是张巡骗他们的箭了耍的把戏。于是大家谁也不去在乎它。

可是他们那里能想到,这一次从城墙上下来的并不是什么草人,而是张巡秘密派出的五百名勇士。这五百名勇士攻其不备,对令狐潮的大营进行突然袭击。可是当令狐潮想组织士兵抵抗已经来不及了。几万名叛军失去将领的指挥,向四周逃命去了,一直跑到了十几里地外,才敢停下来喘口气。

令狐潮一连几次中了张巡的计策,气得恨之入骨,回去以后又增加了几倍兵力攻城。张巡命令他的部将雷万春在城墙上指挥守城。令狐潮的兵士们看到城墙上出现一个将领,就对着他放箭。雷万春没有做好准备,脸上一下子中了六箭。但是他为了稳定军心,他强忍疼痛,一声不吭地站立着。叛军将士一直认为张巡有很多阴谋诡计,以为这一次肯定又是放了个假的木头人来骗他们。

后来,令狐潮从他的间谍那里知道,那个中箭后依然不动的"木人"就是将军雷万春,不禁非常惊讶。于是带领士兵在城下喊话,要求要见张巡。张巡按照他的话上了城头,令狐潮对他说:"我知道了雷将军是个铁汉子,更加明白你们的军纪确实严格。只是可惜你们太傻不懂得识天命啊!"

张巡回报以冷笑回答说:"你们连做人最起码的道理都不明白,还有什么资格配谈天命!"说着,就下令将士们出城攻击。令狐潮吓得调转马头拼命地逃跑,他逃脱了,但是他手下的总共十四个叛将,全部被张巡将士生俘了。

从那以后,令狐潮驻扎在雍丘北面,只是不断侵扰张巡的粮道。再也不敢贸然攻城,虽然叛军通常有几万人,张巡的兵不过仅有一千多人,但是张巡总能瞅准机会才出击,总是以少胜多,取得胜利。

就这样和令狐潮僵持了一年,当时任睢阳太守的许远派人给张巡送来加急文书,说叛军安禄山派大将尹子奇率领十三万大军要去攻陷睢阳。

张巡一接到告急文书,二话不说立马带兵赶到睢阳去。张巡就是一个足智多谋,爱国的大英雄。

名垂唐史——贤相辅国留英名

唐朝开国元勋裴寂

▶ 人物名片

裴寂（公元569年~629年），字玄真，山西运城人。是初唐大臣，隋朝末期被任命为晋阳宫副监，是唐朝开国功臣，武德年间名相之一。他与李渊交情深厚，是李渊在太原起兵的策划者之一，后来他又支持其在长安称帝。李渊最为宠信他，在唐朝建国后，他是除了李世明之外第一号的权臣，他被任命为右仆射、知政事，成为首席宰相。但他与唐高祖李渊一样，是一个被旧史书丑化了的历史人物。

▶ 人物风云

裴寂是个孤儿，是他的几个哥哥抚养长大的，外貌十分英俊，器宇轩昂。在他十四岁的时候当上了州县主管笔记的小官。

隋炀帝时，裴寂被任命为晋阳宫的副监在太原当值。那个时候，李渊在太原当留守，他与裴寂在之前交情就很好，现在又同在一地为官，于是就经常邀其一起饮酒、赌博、下棋，通宵达旦，情绪很高不知疲惫。在此期间，他的儿子李世民想趁着隋末混乱的局势，起兵夺取天下，但又不敢和他直说，就用计让和他关系亲密的裴寂去说。李世民想到了一个妙计，自己出了几百万私钱给高斌廉，让他去跟裴寂赌博然后故意输钱给其，趁其赢钱高兴的时候说出了起兵的计划，裴寂马上就答应了。于是，在一次他与李渊喝得起兴的时候，说出了李世民准备趁天下大乱的时机起兵夺天下，并进一步分析了当前的局势，李渊听了后赞成起兵。为了支援这次起兵，他送了丰富的物质资源给李渊，为起兵的胜利和唐王朝的建立提供了必不可少的帮助。

起兵后，裴寂被任命为长史以及闻喜县公，跟随李渊征战到山西。在很久都没有攻取隋将屈突通的情况下，李渊折中了他与李世民两人的意见，留一部分将士继续围攻山西，再率领大军进取京师。在战役大胜后，裴寂被晋升为大丞相府长史，封为魏国公。

公元617年，在李渊攻取京师后，炀帝的孙子杨侑即位为恭帝。来年，恭帝看到形势不利，准备让位于李渊，他却不接受。这时，裴寂当着所有大将的面劝李渊立即登基，他说："夏桀、商纣是因为没有杰出才干的贤臣辅佐国家，最后才被灭亡，而我们这些将臣都是因为有了你的栽培才能走到今天，我们会誓死报效你和国家的，如果你不马上登基称帝，我们也就不再做官了。"李渊这才表示大家如此情深义重，那我也就不能辜负众望了。

李渊登基称帝，将国号改为唐。他很感激地对裴寂说："是因为你的大力支持，我才能当上皇帝啊！"于是，任命裴寂为尚书右仆射。他每天都赏赐御膳给裴寂；坐朝的时候，必定会请其同坐，散朝后也常常留其睡在内室；从不直接称呼其的名字，而是称他"裴监"；对其所提的意见，都是言听计从。在当朝大臣中，像裴寂这样丰厚的待遇，是无与伦比的。

当时，刘文静被任命为民部尚书，他也是跟随李渊在太原起义的功臣，在唐一统天下的征战中，多次立下功勋。自以为功劳和才干比裴寂高的他，对于裴寂的职位比他高这件事很不服，于是在议政的时候总与其对着干，至此两人更加对立了。刘文静在家中设酒宴时，说出了心中的想法，拔刀说："必定要将裴寂杀了！"为此，有人诬告他有谋反之心，李渊就派了裴寂等人去审讯他。他承认说我只有期望高官厚禄的想法，但是绝对没有要反叛君王的心思。但是李渊一直以来对他的就印象不好，再加上他人的谗言，便说："他这话就是谋反的意思！"裴寂也乘机说："刘文静才略过人，实冠时人，心思险恶，只要不如他意就用恶言反驳，他的恶态已经彰显出来。现在局势还不稳定，外谋内患，如果此时不杀了他，留下来也是个后患。"这些话刚好符合李渊的心意，于是，就下令将刘文静和他弟弟给杀了。在刘文静临死之前，对天长叹："功成事定之后，出力的人反而没有好下场！"他死的时候只有52岁。他的冤案直到李世民继位第三年，也就是公元629年，才被平反。

公元619年，刘武周率兵在太原叛乱，唐兵没法抵抗，连连败下阵来。李渊对此很是忧愁，这时，裴寂请命去前线，他被任命为行军总管，允许他不需请示，自行处理。裴寂领兵抵达山西临汾的时候，刘武周派遣将军宋金刚去守城。在裴寂率军扎营的索度原水源稀少，宋金刚又命人将山涧的水渠给断了，无奈之下只能移营到有水源的地方，却被半路拦截，唐兵大败，死伤无数，裴寂只好逃回平阳，使山西临汾等地全部失守。之后，宋金刚率领大军南下，逼近绛州，裴寂又请命去前线抗御敌兵，李渊再次答应了，命他去镇抚山西南部。但由于裴寂儒雅的性格，敌兵还没有来，自己就乱成一团，因此最终又一次惨败而归。李渊多次埋怨他说："在最初起兵的时候，你立下了大功，也得到了显赫的官位。但这次让你率领了足以攻破敌军的兵力，却如此惨败，你不觉得愧对我吗？"于是，李渊把他交给礼部审讯，但是不久就释放了他，而且待他更加礼遇，每次出巡的时候就把固守京师的重任交付给他，允许他可以自己铸造钱币，还与其结为儿女亲家。

公元623年，裴寂被晋升为尚书左仆射，并在含章殿赐宴祝贺。李渊那天非常高兴，裴寂却突然跪下来说道："在太原发兵的时候，以有慈旨，等天下太平后，允许臣告老还乡。如今四海安稳，愿皇上允我回乡种地。"李渊沾襟泪下地说："现在还不是时候，我两应相伴到老。到时你为台司，我为太上皇，逍遥快活，这不更好。"所以他没有允许裴寂告老还乡，还每天派人去裴寂的家中值守。

唐太宗李世民即位后，仍然礼遇的对待裴寂。公元627年，唐太宗到南郊为祖先和百姓祈福，让他和长孙无忌与其同乘一辆马车。他推让不肯，太宗说："你有佐辅的功劳，无忌为我效力，除了你们两人能够和我同坐一车，还有谁能呢？"在公元628年之后，裴寂的仕途发生了翻天的变化。

首先是有个可以自由出入两宫的法雅和尚，在被禁止自由出入之后，说了很多怨恨的话，被朝廷拘捕法办。在审讯他的时候，一口咬定裴寂知道他说的许多妖言。于是裴寂被朝廷罢免了官职，俸禄减半，让他回乡养老。对此裴寂很不服气，到京城告发唐太宗。李世民说："按说依你的才干和功劳，地位是不可能这么高的，只不过是先王看你对皇家有恩，才让你位居首辅。其实，先王在位时，在国家法律和管理机制上有很多纰漏，你也是有责任的，我是念在我们之间的旧情才不加追究，对此你还不满意什么呢？"裴寂回到故乡没多久，又有一个叫信行的精神病患者，经常对其家仆说："你家裴公是当帝王的命。"在信行死后，裴寂家中的监奴恭命把他的妖言说给裴寂听，他在恐惧的情形下没把这事禀告朝廷，而是私下让恭命把知道此事的家仆杀掉灭口，但恭命却只是把家仆藏了起来。后来，因他得罪了裴寂，就将此事告发给京师。唐太宗非常生气，对大臣们说："裴寂有四条死罪：位居三公而和妖人法雅亲近，是第一条罪；事情败露之后，却心怀不满怨恨朝廷，说国家拥有天下，是由我所谋划的，是第二条罪；妖人说他有天分，隐瞒不上报，是第三条罪；暗中杀人灭口，是第四条罪。我杀他并非没有理由。参议的人多建议流放发配，朕就听从众人的意见吧。"于是被流放到广西支平。

裴寂到达广西支平的时候，碰上山羌作乱，有人传说造反的僚人劫持裴寂作为君主，太宗听说这事后说："我国家对裴寂有活命之恩，肯定不会这样。"没多久，果然传来裴寂率家僮打败叛贼的消息。太宗想到裴寂有辅佐朝廷的功劳，征召入朝，但不久就因病去世了，终年60岁。

栋梁之材杜如晦

人物名片

杜如晦（公元585年~630年），字克明，是今天陕西西安市东南人，出身于官宦世家。他的爷爷名叫杜徽，曾经在隋朝时担任怀州刺史，父亲名叫杜吒，曾担任隋朝昌州长史。少年时期的杜如晦天资聪颖，特别爱好文史，他拥有英姿飒爽的气质，自命风流，在隋朝年间，曾去参加支部的人才选拔，得到当时担任支部侍郎高孝基的器重，并且评价他有适应时代变化的才华，是一个栋梁之材，但同时劝告他为人要低调。

人物风云

隋炀帝惨无人道的统治，致使各地民怨四起，于是，揭竿而起在当时已是常事，农民起义此起彼伏。但是，杜如晦因为出身的原因，不可能参加到农民起义中，于是，和房玄龄一样，密切关注着时局的变化。公元617年太原留守李渊率领军队在晋阳举兵反隋由于李渊得到民心，又加上策略得当，二公子李世民英勇善战，所以，反隋战斗进行得很顺利。等到李渊父子入主长安以后，杜如晦见天下大局已定，又了解到李世民英明神武谋，并且乐意广结天下有志之士，于是便决定把自己的性命压到李世民身上。

后又几经波折，李渊终于称帝，但是李世民手下的良臣谋士被调往外地任职，因此李世民担心不已。但是担任李世民记室的房玄龄对他说："虽然府上有很多人被调往外地，但是失去他们并不可惜。然而杜如晦除外，他拥有大智慧，是辅佐帝王将相的良才。如果秦王将来想成就霸业，那必将离不开他。"李世民对房玄龄举荐杜如晦的这一番话，很是吃惊，他对房玄龄说："如果不是你提醒，那我就失去他了！"于是李世民马上去请求自己的父亲，硬是把杜如晦留了下来，仍然担任秦王府里的属官。从此后，李世民就把杜如晦视为自己的心腹，每次都要与他商讨军国大事。

李渊登基后各方面的威胁仍然很多，于是李世民首当其冲去帮父亲消除，而在平叛这方面杜如晦是帮了很大忙的。他在军中统筹大局，对作战双方的情况判断及时准确，由于他杰出的才能，受到了军队里所有人的赞赏。杜如晦也由此升官，李世民担任陕东道大行台尚书令的时候，任命杜如晦为大行台司勋郎中，给他封爵并赐封地建平县南，管辖地区有三百户人家。不久以后又兼任文学馆大学士。

文学馆是李世民专门为了接待四面八方的文人雅士而开设的。在十八学士中，杜如晦是其中的佼佼者。李世民曾经命令画师描摹了十八学士的肖像并且收藏在自己书房。李世民曾经称赞杜如晦的画像说："长相文雅，并且有忠君报国的烈骨，以后一定能流芳百世。"由此可见，李世民对杜如晦非常重视，当李世民被封为天策上将后，拥有自己的府衙和官僚，又封杜如晦为天策府中的从事中郎，成为天策府的高级主事者。

李世民在平定叛军中立下不少功劳，于是他的威望日渐超过他的太子大哥，为自己引来了杀身之祸，李建成和李元吉几次设计要杀死他。对于这种情况他手下的谋臣担心不已。杜如晦、房玄龄和长孙无忌等都认为，必须先发制人才能改变这种被动的局面，他们都劝李世民要早作决断，尽快除掉大威胁李建成和李元吉，以保证国家的稳定安康。当然，李建成也知道杜如晦一直想要他的命，于是想方设法除掉秦王府的武将和谋士。不过经过一系列策划没有获得成功。最后他们在李渊面前恶意中伤房玄龄、杜如晦。李渊居然听信谗言，把房、杜二人驱逐出秦王府。公元626年夏，突厥数万骑兵侵扰大唐边境。李建成于是策划瓦解、分化秦王府的精兵强将。他极力向李渊推荐，任命李元吉代李世民出征。李元吉又上奏请求把秦王府的猛将段志玄、迟尉敬德、秦叔宝、程志节等归自己调用，以增强自己的北征实力。这一目的实际上就要挖空李世民的实力。

李世民感觉到已经非常危险，于是和高士廉、长孙无忌、迟尉敬德等商议对策，并派人秘密带领房、杜二人进秦王府，密谋策划了"玄武门之变"。策划成功杀死了李建成和李元吉，接着又在谋臣的鼓动下，李世民迫使李渊立他为太子。此时军政大权已彻底落在李世民手上，李世民马上任命杜如晦为左庶子，帮助他一起处理朝中政。在同一年的七月，又任命杜如晦为吏部尚书。武德九年八月，李世民即位，改元贞观，尊他的父亲李渊为太上皇。李世民取得帝位以后，对手下的群臣论功行赏，因为房玄龄、杜如晦等五人功劳最大于是进封杜如晦为蔡国公，管辖一千三百户人。公元628年杜如晦又被升为检校侍中，兼支部尚书。其实也就是名副其实的宰相。

杜如晦既担任宰相，又是吏部尚书，掌管着选贤任能的大权，于是他在引荐贤才，罢黜贪官污吏等方面，付出了很多努力，杜如晦在任用人才的时候，更讲究实践。当时其他官员往往注重文采，而不去了解他们的品德。杜如晦录用人才的机制是，首先由川郡推荐，然后在进行实际考核录用。在临终前他还不忘推荐正直不阿的戴胄做支部尚书。杜如晦对于理政治国方面可说非常有天分。

在唐朝初期，国家一切典章制度的设立都离不开杜如晦和房玄龄，杜如晦虽然身居高位，却为人低调，并且对李世民的一些错误的决定敢于直言以对。他宽厚待人，雍容大度。贞观三年的十二月，杜如晦因为得重病而辞去宰相的职务。在他病重期间，唐太宗曾经亲自前往探视。对于杜如晦的英年早逝，唐太宗感到非常悲痛，曾以三日不上朝来表达对杜如晦的哀悼，杜如晦死后封他为司空，又赐封号莱国公。

千古诤臣魏征

人物名片

魏征（公元585年~630年），字玄成，河北省巨鹿人。唐朝著名的军事家，为人耿直，以敢于直言进谏而被历史称赞。隋朝末年，魏征被隋武阳郡丞元宝藏任命为书记，后又跟随李密被任命为元帅府文学参军，后来跟随李密一起降唐。魏征曾担任过谏议大夫、秘书监、尚书左丞、监察御史侍中。贞观七年的时候，被册封为郑国公，去世后，被赐谥号文贞。

人物风云

魏征可说为李世民的江山立下不少功劳，时时刻刻作为一个警钟提醒李世民，要勤政爱民。唐太宗的朝堂之上可谓人才济济：房玄龄、长孙无忌、尉迟敬德、杜如晦、秦叔宝……他们要么是跟随李世民一起打江山，要么和李世民有姻亲关系，要么是李世民的长期合作伙伴，和这些人相比，魏征有些自惭形秽。

虽然在唐代并不十分看中门第出身，但出身名门望族最起码可以有傲视他人的权力。当然如果一个人的出身无法选择时，就要退一步，看一个人的"出处"，即是政治身份。一个人要想在千变万化的朝廷之上站稳脚跟，那么同时具备良好的出身和出处，就是非常重要的。但是，魏征这两样东西都不具备。那么就只能等一位伯乐了。而李世民就是这位伯乐。

魏征还没出生国家就灭亡了，硬生生从一个豪门落入寒门。魏征为了实现志向不断在寻找主人，他先后或主动或被动地改变了五次主人：先是投举兵反隋的武阳郡丞元宝藏；接着是瓦岗寨首领李密；后又跟随李密降唐效力于李渊；不久又因被俘开始为另一个义军首领窦建德效命；窦建德兵败后，魏征开始作为李建成的主要谋士鞍前马后，在此期间，他曾为李建成献出过及早动手除掉李世民的毒计。

魏征辛苦了几十年，连个稳定的根据地都没有找到，每一次找主人都找错了地方，这些就是魏征在为李世民效命之前所有的政治履历。在玄武门之变后，李世民干净利落地干掉李建成一群人，当所有的人都认为魏征这次玩儿完了的时候。李世民却下令给予他厚待，其实这是因为魏征聪明，他义正词严的言谈打动了李世民，才决定起用魏征，如果魏征当时痛哭流涕请求饶命，那李世民一定毫不留情把他处决了。他靠自己的才华和胆量为自己赢得一个施展才华的舞台。跟随李世民后魏征才觉得英雄有用武之地。虽然魏征找到了属于自己的天地，但在当时仍然不免遭人非议，时人曾辱骂魏征"有奶便是娘"。李世民面前的第一红人、长孙皇后的兄长长孙无忌曾语带讥刺地对魏征说："当年您可是李建成的大红人，看不上我们这些人，没有想到今日居然能跟我们同席饮酒。"大家可以想象出，魏征当年是顶着着多大的道德和舆论压力。

魏征是一位纵横家，当年靠"纵横之说"保住了自己的性命，但是如果不能有所成就，他的人头仍然随时会被那帮虎视眈眈的前政敌们惦记着。和李世民那些自恃功勋卓著的同僚相比，"纵横之说"是魏征的唯一资本，否因此魏征也只好一条道走到黑，充分发挥自己的劝谏特长，将"纵横之说"推演到极致。

魏征充分利用李世民对他刚建立起来的好感并用自己的纵横特长，大大方方地让李世民了解了个中国人最难以判断两个词——"忠臣"与"良臣"的本质差别:"良臣"就是能辅助君主取得尊贵的声誉,让自己的美名,子孙代代相传,福禄无疆的臣子;"忠臣"就是自身遭受杀戮的祸患,又让自己的君主背上陷害忠臣的恶名,使"小家"和"大家"都遭受到损失,只留下空名的臣子。魏征把这两个词解释的透彻如水,并让李世民陷入了一个套中——从现在开始,我将正式启动我的"纵横"程序——尽情进谏。因此,我的脑袋可能随时会搬家,你如果生气杀我呢,那我就成为"忠臣";你如果选择不杀我呢,那就是让我成为"良臣"。让我成为"良臣",是一个双赢的局面;让我成"忠臣",那咱们双输。魏征这一做法非常聪明,他将自己摆在了道德高的地位上,从而让唐太宗处于被动。如果李世民不想笑着走进历史,那能老老实实地接受魏征的进谏。

在李世民的朝堂之上,魏征以其纵横术开始了纵横驰骋的天下。他渐渐把整个朝廷变成了自己唱独角戏的地方。于是,在朝堂上经常看到了一个成功的"持不同政见者"的形象:

直谏成了魏征生存的唯一武器,成了他邀宠的法宝,甚至李世民有一天就情不自禁地说:"人言魏征举动疏慢,我但觉其妩媚。"魏征终于因其纵横之术取得巨大的成功。魏征进谏不仅包括朝政,后妃王宫贵族行为不端,他依然会犯颜直谏。唐太宗曾以皇帝的身份总结道:在我当皇帝之前,房玄龄的功劳最大,而我登基后之后,功劳最大的就是魏征。至此魏征终于可以在那些自恃极高的同僚面前挺直腰板了。

时间如白驹过隙,魏征纵横的人生的终于走到了生命的尽头。当魏征生命垂危时,唐太宗亲自前去探望,面对皇帝关切的目光,魏征再次显出纵横家本色,他对身后之事没有提任何要求,只是柔弱地说出了:"我死了不要紧,就是担心国家的兴盛。"

唐太宗为此深为感动,魏征死后,唐太宗亲临魏府向魏征遗体告别。并在魏征的追悼会上,高度赞扬了魏征的一生,称赞他是帝国的骄傲,认为魏征的死是帝国不可弥补的损失,可谓虽死犹荣。

太宗与魏征之间的关系是难能可贵的。由于二者相互的塑造,使得帝王成了明君,谏臣成了良臣,可说是魏征帮李世民洗刷了玄武门之变的鲜血,使李世民以一个明君的形象示人,帮李世民在历史上留下来一个好名声。

忧国忧民的房玄龄

人物名片

房玄龄(公元579年~648年),别名房乔,玄龄是他的字,是汉族人,老家在今天的山东章丘市,是盛世唐朝时的赫赫有名的开国宰相。房玄龄博览群书,善书作文,年仅18岁时就被保举为进士,先后又担任过授羽骑尉、隰城尉。隋朝末年大乱之时,李渊率领大军入关,玄龄在渭北投奔了李世民,经常随从秦王出征,出谋划策,负责秘书机要工作。贞观二十二年病逝,玄龄公去世后被封谥号为"文昭",享受太宗庙廷的待遇,和秦叔宝、尉迟恭一起陪葬昭陵。

人物风云

在贞观之前,房玄龄协助李世民稳定四方,铲平群雄,争夺皇位。李世民曾经称赞他有"运筹帷幄,稳定社稷的功劳"。贞观中,他辅佐唐太宗处理朝廷大事,总领各个机构,掌握政务长达20年之久;参与修订各类典章制度,主持各种律令和格敕的制定,又曾经和魏征共同修唐礼;设置政府机构,选拔合并中央官员;善于知人善任,从不以貌取人,也不问出身贵贱,根据才华授任;恪尽职守,不居功自傲。后世都把他和杜如晦作为良相的典范,合称他们为"房谋杜断"。

在唐太宗执政期间,房玄龄曾被封为梁国公。官拜至中书令、尚书左仆射、司空等职,参加制定各类典章制度,使唐朝律令比前朝更为宽松,律条也日渐完备,他参与修订的《贞观律》为后来的《永徽律》和中国现存最古老、最为完整的封建性刑事法典《唐律疏议》奠定了坚实的基础。并且参与了监修国史,曾经主编了二十四史之一的《晋书》。

唐太宗李世民本人也是一位颇有才华的文学家。他的诗作在《全唐诗》中存在89首。他曾经作了《威凤赋》来自喻并赐给了长孙无忌。用诗作《赐房玄龄》来歌颂、鼓励玄龄公为国求贤的精神："太液仙舟迥，西园引上才。未晓征车度，鸡鸣关早开。"又曾经作了《赋秋日悬清光赐房玄龄》一首："秋露凝高掌，朝光上翠微。参差丽双阙，照耀满重闱。仙驭随轮转，灵乌带影飞。临波光定彩，入隙有圆晖。还当葵藿志，倾叶自相依。"李世民作为一位开国君王，可以为一位大臣几次赋诗，由此可见他对玄龄公有多么重视。

房玄龄的政治才能从小就体现出来了，在房玄龄年少时曾随父亲到过京师，当时正是隋文帝治国，天下臣民安乐，呈现一片太平景象，但是仅有弱冠之年的房玄龄已经能对世事有自己独到的分析，私下里对父亲说："隋文帝没有什么功德，就只知诳骗百姓。并且他从不为国家的长治久安作出努力，自己的儿子长幼不分，竟然私相淫侈，最后必会互相残杀铲除异己。现在虽然表面国家安定太平，但是灭亡的日子不久就会到来。"在他十八岁时被举荐为进士，获得封号羽骑尉。但是由于自己的父亲常年患重病在床，房玄龄就一直在父亲床边侍奉，为人非常孝顺。那时李世民率兵路过渭北，房玄龄就到李世民的军门投靠。两人一见如故，相谈甚欢，于是马上就任命他为记室参军。房玄龄为了报答李世民的知遇之恩，在他营帐下竭尽心力谋划军政事务。每次攻灭一方割据势力的时候，军中所有人都只是全力搜寻奇珍异宝，但只有独房玄龄跑遍四处寻访有才之人，并把有才能的人推荐给秦王李世民。因此李世民府中的大多谋臣猛将，心中都十分感谢房玄龄当年的推荐之恩，全部尽死力报效。

房玄龄一共在李世民秦王府中工作十多年，在此期间一直掌管军国大事的决断权，而且在写军事奏章时，不用很久就能写完，文章言辞合情合理，从来不用打草稿。甚至高祖李渊也对房玄龄赞赏有加，曾经对自己的侍臣讲："这个人深明大义，足以辅助我儿世民成就大业。每次给世民陈述事情时，句句都能深入人心，即使在千里之外也感觉仿佛就在面前说话"后来太子李建成设计驱逐秦王府里的官吏，房玄龄和杜如晦一起被贬斥到外地。但是"玄武门之变"前夕，李世民秘密召见二人化装成道士进入府中谋划，最终使计策圆满完成。到贞观元年的时候，担任中书令。后来论功行赏，太宗给房玄龄、杜如晦、长孙无忌、尉迟敬德、侯君集五人列为一等功，进封为邢国公。

贞观二年的时候，房玄龄又被改封为魏国公，担任尚书左仆射，并且监修国史。房玄龄尽心竭力，废寝忘食。又加上他通情达理，执法宽松，不分卑贱，任人唯贤，每个谈论他的人都称他为良相。他担任宰相长达十五年，女儿是韩王妃，儿子房遗爱迎娶了高阳公主，地位非常显贵，但是却常常为人低调，不敢在人前炫耀。贞观十八年的时候，李世民亲自出征辽东高丽，命令房玄龄负责京城一切事物。

贞观二十三年的，房玄龄旧病复发，当时的李世民正在玉华宫，听说以后心里非常着急就命令人用自己的担舆把房玄龄抬到御座前，两人见面后，一时伤怀流下眼泪，甚至哽咽到不能说话。太宗亲自命令太医治疗，并且每天让御膳房给房玄龄做饭吃。房玄龄享受了几天皇帝的待遇。一听说他的病情有所好转，太宗就心花怒放；听见病情日渐加重，就马上愁容满面。在房玄龄临终之时，就对诸位同僚说："虽然现在天下太平，但是皇上不断东讨高丽，是国家最大的忧患。可是皇上主意已定，别的臣子怕冒犯龙颜不敢劝阻。如果我在明知危险而不说话，那我只会含恨而终啊。"于是，就不顾病痛上表进谏，请求唐太宗以黎民百姓为重，停止讨伐高丽的战争。太宗看到房玄龄的表，非常感动地对房玄龄的儿媳高阳公主说："这个人即将去世，还能为了江山社稷担忧，真是难能可贵啊。"

在房玄龄临终之际，李世民又亲自到病床前和他握手诀别，当时立即封他的儿子房遗爱作为右卫中郎将，房遗直则担任中散大夫，使他在生前能看到儿子的显贵。房玄龄感到受如此高的待遇，可以含笑九泉了。房玄龄享年70岁。他死后，太宗，罢朝三日以示哀悼，并封为太尉，谥号为文昭，赐他陪葬昭陵。

两朝元老长孙无忌

人物名片

长孙无忌（约公元597年~659年），字辅机，汉族人，老家在河南省洛阳。

他的祖先身份显贵，是鲜卑族的拓跋氏，是北魏皇族的一脉，后来改姓氏为长孙氏。长孙无忌是文德顺圣皇后的亲哥哥，也就是李世民的大舅哥。在唐高宗李治继位后，想要立武昭仪为皇后，无忌坚决反对，后来高宗偏听偏信了许敬宗的诬陷，罢免了舅舅的官爵，流放到黔州，后来又命令他自缢而亡，并且查抄了整个家族，实为天下一大冤案。

人物风云

长孙无忌历经唐太宗和高宗两代朝廷，贞观朝的时候功臣济济，只说那些被唐太宗画像挂在凌烟阁的有特殊贡献的就有24位，但是长孙无忌被位列首位。但是，如果就才能而论的话，他在众多谋臣猛将、良宰贤相中绝对算不上是最突出的，但是若从和唐太宗的关系来看，却是唐太宗绝顶的腹心。因为受到唐太宗特殊的信任，长孙无忌不仅在贞观朝发挥了主要作用，而且深受重托辅佐高宗，成为了唐朝初期政治史上的比较特殊的人物。

长孙无忌的祖先，出身于北魏的皇族拓跋氏一脉，因为立下了特殊的功劳，所以后来被改姓为长孙氏。长孙氏作为北魏时期的士族高门，在当时属于军事贵族的派系。但是长孙无忌本人，虽然在军事方面很有谋略，但是并不擅长领兵打仗，所以唐太宗用这样的话来形容他说："非常聪明，领悟力极强"，"但是率兵打仗，非君所长"。其实出现这种情况和他早年的经历有关。由于长孙无忌的父亲去世比较早，所以他和妹妹一起在舅父高士廉的家中长大。高士廉这个人很少玩弄武器方面的东西，而对文史古籍颇有研究，因此有很高的才华和名望。于是在这样的一个文化素养氛围高的家庭中长大，长孙氏兄妹受到了非常好的文化教育。长孙无忌"好学，博览文史"，妹妹也是从小就爱读书，非常遵从礼仪。他的舅父高士廉很有识人的慧眼，很早就和李渊父子结交，就发现李世民是个难得的人才，于是先下手为强，就把长孙无忌的妹妹嫁给了李世民，等到后来李世民登基做皇帝，就册封了长孙氏为皇后。因为长孙无忌的年龄和李世民相近，所以二人从小交往就很好，后来又成为了亲戚，两人的关系就更加亲密了。

一直从李渊父子在晋阳起兵叛隋开始，到大唐王朝的建立，再到天下统一，长孙无忌一直跟随在李世民身边东征西讨,但是并没有表现出显赫之功。他正式在政治舞台上开始显露头角,是在李世民兄弟相残的玄武门事变中。唐朝建立以后,李渊统治集团内部发生分裂,最为突出的矛盾就是太子李建成和秦王李世民之间为了争夺皇位而掀起的大浪。凭借李世民的才能、威信和接踵而至的赫赫军功,不仅是他本人产生了夺取皇位的野心,也引起了太子李建成的嫉妒和不安。开始时是李建成为了保护自己的位置而想对李世民下毒手,但是没有成功。最后李世民被逼急了,就召集自己的一班谋臣进行策划,房玄龄对李世民说既然已经产生嫌隙,就应该先下手为强,长孙无忌听后说:"我心里这样想已经很久了,只是没有说出来而已"。于是,房玄龄、杜如晦、长孙无忌等人就一起劝李世民要先发制人,认为只有这样做才能处于安全的境地。

这个时候太子李建成和齐王李元吉也正在加紧除掉李世民的活动,于是就用重金收买了李世民的部将尉迟敬德,但是遭到了拒绝,然后又去行刺李世民,但是都没有得逞。于是李建成就对李元吉说:"秦王府里人才很多,让我们感到有威胁的就是房玄龄和杜如晦。"于是,他们就向李渊进谗言诬陷这两个人,最后把他们逐出了秦王府。这样李世民府中可以依赖的人就只有长孙无忌了。长孙无忌态度很坚决,支持房玄龄的政变建议,就和舅父高士廉以及秦王的部将侯君集、尉迟敬德等人整天劝李世民先诛杀了太子和齐王。正在李世民犹豫不决的时候,于是就和灵州都督李靖进行商议,征求了担任行军总管的李世绩的意见,但是,二人都表示不同意这么干。正在这个时候,突厥兵突然南下侵犯大唐,按照惯例都是应该由李世民领兵抵抗是,但是这次李建成推荐李元吉督军北征,并且抽调了秦王府的将领尉迟敬德一同前去。他们的目的非常明显,就是想借机架空秦王府的强兵猛将,并且已经计划好在为李元吉钱行的时候就杀掉李世民。李世民得知消息以后,立即就和长孙无忌等人商量对策,后来又派长孙无忌秘密召回了房玄龄、杜如晦,共同策划了玄武门兵变。六月四日,李世民亲率领长孙无忌等十人,一起在玄武门成功地设计伏杀了李建成、李元吉二人。

可以说在李世民争夺皇位继承权的这场兵变中,长孙无忌算得上是首功之人。因为在酝酿政变的时候,他态度非常坚决,并且竭力劝谏;又在准备发动政变的时候,他日夜来回奔波,内外联络消息;在政变发生之时,他不害怕危险，亲自到玄武门内。所以说唐太宗至死都不会忘记长孙无忌的辅佐的功劳，临死前仍然对大臣们说："我之所以得到天下就是他的功劳。"

长孙无忌帮助李世民登上皇位以后，又奉命辅佐唐高宗，可是唐高宗为人懦弱，胸无大志，又深受武则天的魅惑，是一个扶不起的阿斗，最后皇权被窃夺。

当太宗病重的时候高宗侍奉太宗因而结识了武则天，后来武则天进入感业寺修行，但是高宗去感业寺上香又遇到了武则天，把武则天带入了宫中。最后武则天要做皇后，但是长孙无忌竭力反对，武则天采取手段讨好长孙无忌但都无效。

在公元 655 年，唐高宗最后不顾大臣们冒死极谏的阻止，坚决下诏废了王皇后和萧淑妃，册立了武则天为皇后。武则天成为皇后以后最恨的就是长孙无忌，但是因为他是高宗的舅舅，要搞垮他需要时机。在公元 659 年，在武则天终于找到时机，让许敬宗费尽心机，把长孙无忌诬陷进了一桩朋党案，对他进行恶毒的陷害。许敬宗就借助处理太子洗马韦季方和监察御史李巢朋党案的机会，向高宗上奏诬陷韦季方和长孙无忌勾结陷害忠臣近戚，要夺取大权，发动谋反。唐高宗最后禁不住有心之人的劝告，把自己的舅舅削去了官职，贬到黔州。但是长孙无忌的儿子以及宗族全被遭到株连，有的被流放，有的被杀害，最后长孙无忌被逼死。长孙无忌一生忠于大唐王朝。作为大唐朝的开国功臣，他既不居功，也不自傲，全心全力协助唐太宗、唐高宗处理朝政，可以说为唐朝的稳定和发展立下了不菲的功劳。但是最终仍然没有逃过"泰极否来"的规律，死在了宫廷斗争里。

贤相狄仁杰

人物名片

狄仁杰（公元 630 年~700 年），字怀英，汉族人。他睿智机敏，政绩卓著，刚正不阿。是一位极具远见卓识的政治家。老家在今天的太原南郊区。直到现在，在他的故乡狄村还有一株古槐树，枝叶繁茂，后世人说是他的母亲亲手所种。在古槐树旁边有一个石碑上面刻着"狄梁公故里"。

人物风云

狄仁杰自小家庭条件富裕，出身于庶族官僚家庭。他的爷爷叫狄孝绪，在唐太宗时担任尚书左丞。父亲名叫狄知逊官位最高到州长史。封建家庭出身的他，自小受到严格的教育，长大后考明经获得官位，一开始担任汴州参军。然而当官不久，就被贪官污吏污蔑他不听管教，他的案子由阎立本负责审理。在审讯期间，狄仁杰据理力争，把自己的冤情——陈述。阎立本也发现是诬告，并且发现仁杰才学出众，确实是一颗"沧海遗珠"，于是举荐他到并州担任法曹参军。

是金子总会发光的，狄仁杰就是名副其实的金子。公元660年，唐高宗李治带着皇后武则天到汾阳宫游玩，途中经过并州太原。当时并州长吏名叫李冲玄，因去汾阳官路经过并州境内的妒女祠，他害怕皇后会发生不测，于是征召官吏民众数万人修筑道路，并以此来取悦皇帝与皇后。狄仁杰知道后却竭力反对，于是免去了一场劳民伤财的繁重劳役。高宗知道这个消息后，称赞狄仁杰是真丈夫矣。从此狄仁杰这颗金子开始在仕途上扶摇直上。

公元676年，狄仁杰升为大理丞，掌管国家刑法方面的权力。他在任内勤勤恳恳，清正廉明，平反了很多冤案。赢得人民的称赞。就在他升任大理丞的那年九月，左威卫大将军权善才和右监门中郎将范怀义因为误砍了大宗昭陵柏树，唐高宗大怒下令将他们处死。仁杰接到高宗斩杀两将的圣旨后，跟高宗据理上奏道："国家的法律很明确，两位将军罪不至死。"高宗听他这么说觉得很没面子，满脸不高兴地说："圣旨已下，君无戏言。"狄仁杰冒死直谏："今天就因为失误砍了一棵树，就要杀两位将军，那么犯强盗罪的恶人该怎么处置？陛下把不该杀的人杀了，不遵守法律，天下百姓会怎么议论您呢？"高宗觉得他说的有道理，于是收回了命令，改为流放。因为这件事狄仁杰名震京师。

后来，仁杰辞去大理丞的官位，到地方去做官，担任宁州的刺史。宁州地处偏僻，是各民族杂居的地方。狄仁杰到任后，采取措施，使各民族和乐相处，收到了当地人民的爱戴，甚至为他刻碑立传。狄仁杰离开时，人民夹道相送。

公元 688 年 6 月，武则天特任命狄仁杰为江南巡抚大使，巡察江南地区。狄仁杰到达后，看到当地人民崇尚祭祀拜神，非常的劳民伤财。于是上奏武则天请求飞出这个风俗。武则天立即准奏，于是狄仁杰毁掉那些愚昧人心的鬼神之说，只留下了值得人民纪念和歌颂的夏禹、季札、吴泰伯、伍子胥等 4 种神祠，供人民祭祀。

公元 688 年，是武则天废黜中宗之后，操纵朝政的第五个年头。她统治时期开始了频繁的政治斗争，打击世祖贵族官僚，扶植庶族地主，这些行为引起了唐朝贵族李贞的不满，于是他和豫州刺史琅琊王李冲起兵造反。但由于得不到人民的支持，最终以失败告终。李贞在兵败后羞愤自杀。豫州的官民听说由宰相张光辅统帅的军队要到达豫州，于是纷纷出城迎接。可是张光辅所率的三十万军队，却为了立战功，去肆意屠杀无辜的老百姓。后来又为了查出李贞的同党又四处抓捕无辜的百姓，一时豫州冤狱无数。正在这个时候，狄仁杰从江南巡视回到朝中，卸去了江南道巡抚大使的官职，接受武则天的任命到豫州担任刺史的职位。当他到豫州后看到冤狱横行的情况内心非常不安。于是一面下令平反冤情，一面向武则天请求从轻处置。武则天知道狄仁杰一向刚正不阿，所以上奏的情况一定属实，于是下令把那些死囚免去死罪，改为流放丰州。这些流放的人在去丰州的时候路过宁州，狄仁杰曾经在这里做过官，宁州百姓热情接待了流放的犯人，并且说："是狄仁杰让你们活了下来"。于是流放的犯人和宁州百姓在为狄仁杰所立的德政碑下痛哭，表示对狄仁杰的感激之情。

但狄仁杰却因为豫州的事件得罪了宰相张光辅，他指责狄仁杰轻视将帅，并且恶意中伤，狄仁杰不畏惧强权，据理力争指责张光辅和李贞一样残暴，这下彻底得罪了张光辅。最后张光辅回朝以后上奏武则天说狄仁杰以下犯上、桀骜不驯、妄自尊大。武则天轻信他的一面之词，把狄仁杰贬为复州刺史，后来又降为洛州司马。

在公元 691 年，武则天发现自己对张光辅偏听偏信，让狄仁杰蒙受了不白之冤。于是武则天马上把狄仁杰调回了京城，并对他委以重任，提升他为户部侍郎和宰相等要职。然而好景不长，公元692年的春天，武则天又偏信了她的宠臣、酷吏来俊臣的谗言，认为狄仁杰与人策划谋反。当时，正好是武则天称帝的第三年，她为了巩固自己的大周政权，大肆任用酷吏，实行告密机制，对唐朝的开国元勋及李氏的贵族宗室，进行诬陷并大开杀戒。狄仁杰也因此获罪，被逮捕狱中。可是武则天对狄仁杰谋反的事存有疑惑于是派事中李峤、大理寺少卿张德裕进行查实，岂料他二人怕得罪酷吏于是也诬陷了狄仁杰谋反的罪名。幸亏狄仁杰机敏过人，把自己的申冤状藏到冬天穿的棉衣里，并借口天热让狱吏帮他把衣服带回家里，当他的儿子拆洗棉衣时发现了申冤状，于是带着申冤状向武则天申诉，最终免去了狄仁杰的牢狱之苦。

武则天晚年的时候，越来越昏庸，但是却越来越信任狄仁杰。武则天为了求长生不老药大肆修建寺庙炼制丹药，狄仁杰奉劝武则天以国家为重，敬佛要靠心不在于花费多少钱。武则天都听从了狄仁杰的谏言。武则天经常称狄仁杰为"国老"，可见对狄仁杰的重视。狄仁杰年老以后也曾多次请求告老还乡，武则天一概不准奏，每次觐见武则天都免除他的跪拜之礼。公元700年狄仁杰病故，武则天非常伤心，并说从此朝堂无可用之人。由此表明武则天对狄仁杰的重视，到唐睿宗时又追封狄仁杰为梁国公。

狄仁杰，青年时入朝为官，为唐王朝效命数十年。他作为封建王朝的政治家，尽忠于皇室，为李氏、武氏竭尽全力，鞠躬尽瘁；为官之时勤政爱民，政绩卓著；不畏惧恶势力，敢于直言进谏，受到后世的拥戴；狄仁杰的历史功绩昭彰后世。

文质彬彬的宰辅张说

▶ 人物名片

张说（公元667年~730年），字道济，一字说之，原籍河北，祖辈都居住在山西，后来全家迁徙到洛阳。唐玄宗时期的宰相，被封为封燕国公，他擅长文学和写作，当时朝廷很多重要的奏折都是他写的，尤其擅长写碑文墓志，与许国公苏颋齐名，并称"燕许大手笔"。在他才只有二十岁的时候，他就以全国第一名获胜了关于治国安邦、国计民生的政治大事的考试，他是唐代著名的政治家，文学家，诗人。在公元730年，不幸生病去世，享年63岁。

人物风云

张说写作的文章构思细致周密，在他年轻的时候就有很高的水平。公元688年，武则天亲自到洛阳城南门当主考官，策试贤才们治国安邦、国计民生的能力，张说接受皇帝的诏命，以全国第一名的对策赢得了这次考试。武则天以为最近的朝代中没有甲科这个等级，于是就让张说很委屈地拿了个乙等的名次，并且授命他为替太子校理典籍的官员，晋升为左补阙。

公元701年，皇上颁布圣旨在张昌宗和李峤的统管下，命张说与徐坚等人编撰《三教珠英》。奈何张昌宗是个张昌宗是个胸无点墨之人，知道到套用文辞，高谈阔论，多年来一直没有下笔撰写。只有张说和徐坚两个人构思精细开始撰写，以《文思博要》为原本，加入《姓氏》、《亲族》二部，条理清楚。等书编撰好了后，被晋升为右史、内供奉，兼职知考功贡举事，后来又提升为凤阁舍人。

公元703年，女皇武则天的男宠张昌宗以"与人议论谋反"的名义，诬陷御史大夫魏元忠，并威胁张说为其作证，张说答应了。但在上廷作证的时候，张说却义正词严地对女皇说："望陛下高见，当着陛下的面他就敢如此威胁臣，更何况是在外面了。今天对堂作证，臣不敢不说实话，臣从来没有听过魏元忠议论谋反的话，是张昌宗逼迫臣作伪证来诬陷他！"张昌宗看到阴谋败露，无法隐瞒后，又恼羞成怒地反诬说他和魏元忠一起谋反。张说又依据事理来辩驳他说："难道我会不知道今天如果附和张昌宗就可以马上升官发财，附和魏元忠就会立即被灭族！但臣怕魏元忠冤魂不散，不敢诬陷他。"张说理正词严，保护了正直的大臣魏元忠，将张昌宗的不法作为给揭穿了，但武则天却反认为张说是个反复无常的小人，不分青红皂白地将无辜的张说流放于岭外。

唐中宗李显复位后，张说被晋升为兵部员外郎，来后又转职成工部侍郎。

在公元 707 年到公元 709 年间，张说因为母亲的去世而离职为其戴孝，还没有过服丧期，唐中宗就想冒他恢复官职，授予他黄门侍郎的职位，在那个时期"风教颇紊，多以起复为荣"，他却推辞不肯接受，远见卓识的人对此都很赞赏。等到服丧期过了后，复授他工部侍郎的官职，没过多久就被晋升为兵部侍郎兼弘文馆学士。

公元 710 年，唐睿宗李旦即位后，张说升职为中书侍郎兼任雍州长史。秋天的时候，想要篡夺皇位的谯王李重福暗中进入京城洛阳，兵败后，驻守京城的官员缉拿了一百多个他的党羽，审理了好几个月，却久久没有作出判决，皇上只好派张说去审讯。张说立即就将此案查了个水落石出，只用了一个晚上就将谯王的主谋张灵均等人给逮捕了，交代了全部的罪状，其他被误捕的人全被无罪释放了。张说处理公务时有才干又有经验，因此睿宗夸赞他说："卿在办理此案的时候，既没有冤枉了好人，又将罪人绳之于法。如果卿不是个忠诚正直的人，怎么能将事办成这样呢？"第二年，就让他监修国史。

当时，李隆基以太子的身份居住在东宫，张说是太子的侍读，受尽了礼遇和尊敬。太平公主是太子的姑妈，她与坏人狼狈为奸，谋划将太子废除，干涉朝政。唐睿宗曾在这年的二月，对大臣们说："有人进言，在五天之内宫中会有战乱，卿等为朕做好准备。"大臣们都知道，显而易见是有人故意要分裂父子俩的关系，使太子的地位不保，大家面面相觑，不知道如何是好。张说心直口快地说："这是小人的计谋，来动摇太子的地位。如果陛下让太子监国，确定君臣的名分，自然就没有人伺隙图谋。"听完他的话睿宗非常高兴，当天就下旨让太子监国。第二年，又下旨禅位给太子。

虽然睿宗位居太上皇，但仍然将朝政大权掌握在手中。于是，太平公主仍然依仗他的权势干涉政事，肆无忌惮地谋害玄宗。对于张说不迎合依附她感到十分嫉恨，便请奏睿宗，把他贬为尚书左丞，出任东都留守。张说洞悉太平公主及其党羽暗中有特别的计谋，于是派遣使者给玄宗献上了一把佩刀，示意他要决断行事，将太平公主及其党羽彻底消灭。在解决了想要谋乱的太平公主后，唐玄宗立即下旨人任张说为拜中书令，并将他封为燕国公。

公元 713 年十月，玄宗想把同州刺史姚崇召回朝廷当丞相。由于，张说和姚崇的关系不和睦，就暗中指使人去检举他，玄宗却不加理会。接着，张说又让人去跟玄宗建议，将姚崇任命为山西总管，来阻挠他当丞相。玄宗知道这都是张说的主意，便不管他的暗中破坏，仍然让姚崇当了宰相。姚崇上任后，告发了张说私下到岐王李范家中诉说诚意的事情，于是他被贬为相州刺史。

因又受到其它事情的牵连，被贬没多久的张说，再被变为岳州刺史。当苏颋擢当上宰相后，跟他父亲苏瓌是好朋友的张说，给他献上了其中一则是记苏瓌事的《五君咏》，他读完后非常感动，上奏称张说为"忠贞謇谔，尝勤劳王室，亦人望所属，不宜沦滞遐方"。公元718年二月，张说被提升为荆州长史，没过多久又晋升为右羽林将军兼职检校幽州都督。

公元722年，皇上下旨任命张说为节度大使，出使朔方巡行视察边防，处理兵马。来年，他被晋升为中书令。公元729年，再将他提升为书右丞相以及集贤院学士。公元730年，他得了重病，玄宗每天都派遣宫中的使者前去看望，并且赐予他用御笔写成的药方。在这年十二月，由于治疗没有效果，最终去世，终年六十四岁。玄宗亲自为他撰写碑文，将他赠为太师，谥号文贞。

张说曾三任宰辅，擅长文学。在他的一生当中有三十多年的时间主管文学工作。在文学方面有很高的成绩，武学上也很有才华，可以说是文武双全。他在国家政体上很有远见，将不适合时代形势的政治和军事制度改革。因此史家赞赏他"发明典章，开元文物彬彬，说居力多"，他对"开元之治"的展开，起着关键性的作用。

"救时宰相"姚崇

> 人物名片

姚崇（公元650年~721年），原名元崇，后为避"开元"年号，改名姚崇，字元之，是河南省三门峡市人。出身于官僚家庭，年轻时喜好逸乐，年长以后，才刻苦读书，大器晚成。曾历任武则天、唐睿宗、唐玄宗三朝宰相，是中国历史上著名的贤相，对"开元之治"贡献尤多，影响极为深远。在他为相期间政局清明，百姓丰衣足食，可说是十分贤明，有"救时宰相"之称。

人物风云

姚崇自幼受父亲影响，孜孜好学，胸怀大志，长大入朝论政，答对如流，下笔成章，且敢说敢做，为官清廉，关注民生，为百姓谋福利。在武则天掌权20年的过程中，有任用一些贤才为宰相，但也任用了一些奸佞小人，株连冤死很多无辜的人，使得朝野人心惶惶。公元697年，武则天对朝臣说："前些时候，周兴、来俊臣审理案件，多有牵连到朝廷大臣，说是他们反叛，国家法律摆在这里，我怎么能够违反呢？其中我也怀疑有冤枉的，就派近臣到监狱中去审问，得到他们手写的状纸，都是自己承认有罪，我就不怀疑了。自从周兴、来俊臣死后，就听不到谋反的事了。"夏官侍郎姚崇直率而又诚恳地陈述了自己的看法，他说："公元685到688年间，被告得家破人亡的，都是冤枉，都是自诬。告密的人为了立功，都在罗织人罪，情况比汉朝的党锢之祸还要厉害。陛下派人到监中查问，被派去的人自身也难于保全，怎么敢去动摇原案呢？被问地想要翻案，又怕遭到毒手。全靠老天保佑，皇上你醒悟过来，诛杀了坏人，朝廷才安定下来。以后，我以自身及全家百口人的性命担保，现在内外官员中再也没有谋反的人。"对于他的直言武则天非常高兴，说："之前的宰相都顺应着促成这事，害得我成了个滥行刑罚的君主。听了你所说的，很是符合我的心意。"于是赏赐姚崇千两白银。

中宗和睿宗时期，姚崇做过好几个州的刺史或长史。在做地方官期间，他政绩卓越，有些地方为记载他的功德还树立碑刻。但这仅是他辉煌人生中的九牛一毛。

武则天在位时，升姚崇为相王李旦府长史。睿宗李旦继位后，任命姚崇为宰相，这是他第二次当宰相。因太平公主想走母亲的道路，掌握大权。姚崇向李旦建议将太平公主安置洛阳，诸王派往各州，确保东宫李隆基之位。昏庸的睿宗李旦如实转告太平公主，使事情败露。李隆基为争取主动，以姚崇调拨皇上与兄妹关系为由，贬姚崇为地方官。这任宰相在职还不到一年。

唐玄宗李隆基即位之后，朝廷机构臃肿，贪污腐败严重，他为了重整朝政，完善机制，锐意改变，就必须选择一位才干出众的贤臣来帮他革新吏治。

在此期间太平公主的势力越来越庞大，李隆基按捺不住，决定隐瞒睿宗，将太平公主及其余孽一举拿下。公元713年，玄宗李隆基即位，在新丰举行盛大的阅兵仪式。各地的官员都要去皇帝的行营朝见，此时姚崇被任命为陕西刺史，再加上玄宗得秘密召唤，所以他必须去。姚崇到行营的时候，正好玄宗在打猎，于是就让非常擅长打猎的他加入了行列。他在猎场指挥队伍，呼鹰放犬，投枪射箭，进退有序，玄宗对他的表现很满意。打完猎之后，玄宗与他探讨国家大事，他直接表示出自己的意见，孜孜不倦。玄宗听了后，说："这宰相的职位应该让你做。"姚崇知道玄宗是个胸襟宽广，勇于进取，想把国家治好的人，便说："我有十项建议，陛下可以考虑一下，如果不能做好，那我也不能做这宰相。"玄宗要他先说说看。

姚崇这才向玄宗提出："废除武后时所定的严刑峻法；息兵休战，不求边功；公平执法，不论是皇亲国戚还是平民百姓皆一视同仁；宦官不得干政；精简税目，废除苛捐杂税；皇族或外戚不得担任台省官；皇上应礼贤下士；皇上应虚怀纳谏；不再增建道寺、佛寺及宫殿；限制外戚干政。"玄宗听了，情绪久久不能平静，说道："这正是这十几年间混乱政治的十种积弊。"于是第二天，就正式任命姚崇为宰相。

在开元时期，身为宰相的姚崇，自己却没有院宅，全家人都住在离朝廷很远的地方。因家住的远，上朝处理完政务后他不能回家，只能住在一个寺院里。期间有一次，姚崇生了重病，皇上就让源乾曜解决处置政务，每有处理不了的事情，就到寺院里向姚崇求教。源乾曜非常敬佩他为政以公，清廉简朴，就请奏皇上让姚崇住进四方馆，但姚崇却坚决谢绝了。

公元716，山东蝗灾严重，老百姓靠祭拜来灭虫，坐视蝗虫吃禾苗却不敢去捕杀。姚崇上奏皇上说，说："《诗经》说：'抓住那吃禾苗的害虫，扔到烈火中焚烧。'汉光武帝曾下诏：'鼓励顺应当时灾情的法令，奖励关农桑的做法，消灭那吃禾苗的所有害虫。'这是消灭蝗灾的正义主张。况且，蝗虫怕人，容易驱除，加上地都有主人，让他们各自抢救自己的土地，他们一定不怕劳苦。请皇上恩准连夜堆设火场，砍出隔离道，边焚烧边掩埋，蝗虫就可以捕杀干净。"玄宗说："蝗灾是天灾，是因为德行不好才发生的，现在去扑杀蝗虫，不是违背天意吗？"姚崇又说："捕杀蝗虫，之前就有人做，陛下只是效仿古人，再说这关系国家今年的收成，希望陛下能好好考虑。"玄宗被他说服。朝廷内外那些之前反对的人都因怕被处死，就没再反对了。于是派御史作为捕蝗使，指挥老百姓大规模捕杀蝗虫。最终取得了很好成效，百姓当年的收成也较好。

来年，山东再次发生蝗灾，姚崇按之前的方法，派官员去督促捕杀，朝廷官员却又都反对捕杀蝗虫。玄宗也有些犹豫，便和姚崇商量。姚崇说："这些官员思想迂腐，只知道照本宣科，却不懂得适时的变通。"之后他列举了历史上蝗灾搜带来的严峻后果。又说："现在山东遍地都是蝗虫，百姓没有收成就得饿死，事关重大，不能墨守成规，一切后果我来承担。"再一次说服了玄宗。

河南刺史倪若水拒绝执行命令，并上书说："消除天灾应当凭借德行。"姚崇知道后，十分愤怒，给他写信说："刘聪是一个不合法的国君，他的德行不能胜过妖邪。现在是圣明的朝代，那些妖邪不能胜过君主的高尚德行。古代贤良的长官，蝗虫躲开他管辖的地区。你说修养德行可以免除灾害，那么你现在（的灾情是因为你）没有德行才如此的吗？现在你眼看着蝗虫吃禾苗无动于衷，忍心不救，会造成今年没有收成，刺史您怎么解释？"倪若水害怕了，便开始大规模捕蝗，共捕得蝗虫十四万石。对另一个反对的宰相卢怀慎，他也晓之以理，动之以情来证明扑杀蝗虫是可行的。为了蝗灾能有效地制止，官府还设立了奖励，为此尽管连年都发生蝗灾，灾区也没有发生大的饥荒。

姚崇不屈不挠，坚持到底的实践精神，在今天看来，仍然让人十分敬佩。

姚崇在数位官员的反对的状况下成功战胜了蝗灾，但这并没有给他带来晋升和赏赐，反而在不久之后失去了宰相职位。缘由是姚崇有一个下属犯了法，姚崇想保他不被玄宗惩办，恰好此时京师大赦，玄宗却特意没有赦免他的下属。机智的姚崇知道，玄宗的目标不是他的这个下属，而是他自己，于是请辞了宰相职务，并推举宋璟来担任宰相。

公元721年，72岁的三朝宰相姚崇去世。当时，国家经济条件比较好，社会上尤其是在官吏中流行厚葬。对此姚崇非常反感，向他人列举古代圣贤之人薄葬的事情来批评厚葬之风。在他去世之前，给子孙留下了遗嘱：只准为他薄葬，不要抄经写像等，并要将这永远作为家法，告诫他的子孙们在去世以后，也只能薄葬。姚崇简单、节俭办理后事的事情，在后世也被传为佳话。

开元名相张九龄

人物名片

张九龄（公元678年～740年），字子寿，是汉族人，出生在广东韶关市。唐朝时期的开元尚书丞相，也是一位伟大的诗人，在长安年间中了进士，被任命为中书侍郎中书门下平章事一职，后来又被罢免了丞相一职，贬为荆州长史。张九龄的诗风特点则是比较的清雅平淡。他著有《曲江集》一书。在他的做官生涯中，恪守本分、知人善用、严于律己、刚正不阿、不畏权势，他是一位见识长远的政治家，在唐玄宗统治时期作出了很大的贡献。在他的诗作中，可以读出他对于人生的感慨和期望，压制了唐朝刚建立时所流传的萎靡的诗风，被后人称为"岭南第一人"。

人物风云

张九龄从小便是在官宦世家中成长，他自幼天资聪明，熟读诗书，刚刚成年的时候便参加了朝廷的科举考试并且中了进士，随后便被任命为秘书省校书郎、右拾遗，接着又做了左拾遗。他曾经奏请唐玄宗李隆基，建议对于地方官员的人选也应该加以重视起来，改掉只看重朝廷官员而忽略了地方官员的习惯；在选拔官员上面注重的是治国的才能而不是为官的时间长短。最后，张九龄因为在朝政上的观点与主政者的不一样，所以只好辞掉了官职回到自己的家乡。

唐开元六年年，张九龄重新返回到京城，公元723年，张九龄任中书舍人一职。时间过了没有多久，张九龄成了朝廷权力斗争的牺牲品，被调离长安，做了一名外地的小官。开元十九年的时候，又被唐玄宗任命为秘书少监和集贤院学士，最后又升任中书侍郎。由于张九龄是一个满腹经纶，颇有风度的人，也因此很受唐玄宗的赏识。到了开元二十一年的时候，张九龄又被任命为中书侍郎、同中书门下平章事，也就是相当于丞相的位置，主要辅佐皇上处理朝政，张九龄还建议河南屯田，可以把水引进田地种植水稻，于是张九龄的头上又多了一个河南稻田使的职位。

其时，这个时候的唐朝正是处于最繁盛的时期，但是看似祥和的景象下面却又危机四伏。针对这一现象，张九龄提出要以"王道"来代替"霸道"，主张要求用道德理念来育人，强烈反对随意使用武力，挑起战争；主张减轻刑罚，降低赋税，主张大兴农业；坚持重新整顿吏治，任用贤明的人，将一些有道德有才能的人任命为地方的官吏，管辖地方的治安。在他的政治主张下，有效地缓解了当时日益激化的社会矛盾，很好地巩固了中央集权，促进了"开元盛世"的繁荣昌盛，所以，张九龄死后，后世人都称他为"开元之世清贞任宰相"的三杰之一。

在政治主张上，张九龄敢于向唐玄宗直言不讳，曾经好几次都提醒唐玄宗不应该因为现在的祥和而忘掉内在的隐患，应该有忧患意识，对于朝纲的风气要时常的整顿。唐玄宗有一位宠妃，名叫武惠妃，想将当时的太子废除，而改立自己的儿子为太子，于是便命令宫中所有的官吏宫人去说服张九龄，张九龄当即便将这些说客们拒绝，并且对于这个决定的利害关系一一分析清楚，这才阻止了一场宫廷政变，而使得朝堂局势稳定。对于当时的奸臣安禄山和李林甫等人的所作所为，张九龄是气氛不已，直斥他们就是朝廷的败类。并且朝政上面一直竭尽自己的所能来让这些小人的阴谋不能得逞。

当时，唐玄宗想要封范阳的节度使张守圭为唐朝的宰相，任命宁夏的节度使牛仙客为尚书一职，张九龄知道后，对此坚决的反对，唐玄宗非常的不高兴，而这个消息传到了奸臣李林甫耳中，李林甫怀恨在心，于是便向唐玄宗进献谗言，于是，开元二十四年的时候，唐玄宗将张九龄任命为尚书右丞相，免除了他管理政事的权力。张九龄被罢相后，没有多久，又因为他推荐的监察御史周子谅上书唐玄宗，说了很多牛仙客不好的话，这让唐玄宗极其的愤怒，于是连累到了张九龄，认为周子谅这么做绝对还会有同党的，于是将张九龄贬为荆州长史。

公元740年，年初的时候，安禄山讨伐奚、契丹，结果是溃不成军，战败而归，被押着赶往都城。张九龄向皇上上书，按照军法理应对安禄山处以极刑，如果不这样做，安禄山迟早有一天会反大唐的。但是唐玄宗却否决了这个提议，根本就不相信他的说法。同一年间，张九龄在韶州曲江因病去世，张九龄去世后，安禄山便发动了"安史之乱"，也正是因为这次的战乱，而使得盛极一时的大唐开始从繁盛走到了灭亡的边缘唐玄宗因为躲避战乱，而逃到了四川一带，这才对于自己没有相信张九龄的话而悔恨不已，专门派遣官员去曲江祭拜九龄。

张九龄不但在政治主张上有远见卓识，在诗歌成就上也是有很高的造诣，他的作品有着"雅正冲淡"的韵味，为后世留下了不少的传奇佳作，是岭南诗派的启蒙时期。张九龄智慧聪敏，所作的文章也是十分高雅，他的诗中已经更是超凡，安逸，其中他著名的代表作便是《感遇》和《望月怀远》等。张九龄早期的诗歌词风比较清丽、深婉，这与他所处在的大唐盛世也有着密不可分的关系，是令诗作大家张说所欣赏的，而张九龄后期的诗风则是比较的强劲和朴素，这也是与他被贬的生活背景是分不开的。

牛党的领袖人物牛僧孺

人物名片

牛僧孺（公元779年~847年），字思黯，出生在甘肃灵台，享年68岁。在唐穆宗和唐文宗时期被任命为宰相。他的诗作只保留下来了四首。

人物风云

牛僧孺从小生活的就非常凄苦，没有父母，无依无靠，仅仅是靠着家中的几亩良田维持生计。牛僧孺在文章的写作方面特别擅长，在公元805年，参加考试，中了进士。而在公元808年，牛僧孺与李宗闵、皇甫湜三人同时参加了贤良方正、能够为皇上纳言觐见的官员，他们三个人都对当下的时政对策都非常的抵触，连宰相都不畏惧，虽然他们三人被考官评为做优秀的成绩，但是却因为他们触怒了当时的宰相李吉甫，结果，评判的主考官们全都被贬了职，牛僧孺三人也没有得到重用。这便是"牛李党争"真正的根源所在。唐穆宗登基之后，牛僧孺又被任命为库部郎中知制诰一职，随后又被任命为御史中丞，专门惩治朝廷上下的不法之徒，这对朝廷上下的官员起到了一定的震慑作用，谁也不敢再胡作非为了。当时的宿州刺史李直臣历来都是不尊枉法，祸害百姓，依照大唐的律法理应处死但是李直臣却是花钱买通了宫中的宦官为他在皇上面前说好话，而牛僧孺则是向皇上上奏，请求应该立马将李直臣处死，以维护大唐的律法。

唐穆宗说："李直臣是一个很有才能的人，对于这一次的过错，朕想再给他一次机会。"牛僧孺则是回答说："那些没有真才实学的人，只是拿着朝廷的俸禄对人拍马巴结而已。朝廷的律法，其实就是为了约束那些有才能的人而设立的。安禄山有着过人的才能，但是最终导致的却是扰乱了大唐的天下。"唐穆宗听后，对于牛增儒的奉公守法十分赞赏，赏赐给他一件紫服。公元822年的正月，牛僧孺做了户部侍郎，第二年则是任中书侍郎和同平章事的职位。

当时的宣武节度副使韩弘，是一个杀人不眨眼的冷血动物，人们对他恨得咬牙切齿，却无人敢言。韩弘在朝为官的时候，他的儿子韩公武为了制止这种言论的扩散，便用钱收买了很多的权贵来防止言论的流传。韩弘父子俩死后，韩弘的孙子还很年幼，唐穆宗害怕一些人会将韩弘的家财盗走，于是便派人清理韩弘家的账册，却发现在这本账册上记载很大一批受过韩弘贿赂的朝中大臣，而牛僧孺的名字旁边标着"某月某日，派人给牛侍郎送去了千万的钱财，却拒不接受"这句话，唐穆宗看后，很是高兴，从那以后，唐穆宗对牛僧孺更是偏爱了。

公元824年的春天，唐敬宗继位，任命牛僧孺为奇章公。但是唐敬宗荒淫无道，朝中时局动荡不安，宦官把持朝政，牛僧孺不愿在朝为官，几次上书唐敬宗要辞掉宰相的位置，于是，唐敬宗便任命他为同平章事，担任武昌军节度使。

当时的湖北城墙都是用土修筑而成的，又因为江南常年连绵细雨，这种土筑的城墙禁不起雨水的侵蚀，需要每年修筑，而这个时候官吏也会趁机勒索百姓，让百姓苦不堪言。牛僧孺上任后，将筑城的费用造砖修筑，这样就可以五年再修建一次，从那以后也就免去了百姓修城的费用。随后又废除了沔州建制，裁剪了一些不中用的官员。在牛僧孺人武昌节度使的时候，为武昌的百姓做了很多的好事。

公元829年，李宗闵把持朝政，他知道牛僧孺是一个不可多得的人才，不应该这样在外地长期为官，于是又下旨将他召回朝中，任命为兵部尚书、同平章事，再次做了宰相。

公元831年的正月，幽州发起了叛乱，当时的大将杨志诚将节度使李载义驱逐出去，文宗便召来宰相，商量此事的对策，而牛僧孺则是认为，这件事情其实是无关紧要，可以将杨志诚任命为节度使，牛僧孺的建议得到了文宗的赞同，并采纳。同年，吐蕃维州守将悉怛向唐朝示好，表示愿意归顺唐朝，而剑南西川节度使李德裕则是派遣自己的军队驻扎在了维州城，并且上书皇上一些有关用兵的事宜。文宗又召集朝中上下官员来商讨这件事情，所有的人都赞同李德裕的做法，唯独牛僧孺因为自己的恩怨，坚决反对，他认为大唐与吐蕃结盟友好多年，不适合再挑起战争。文宗则是采纳了牛僧孺的建议，下令让李德裕退出潍州城，将所俘虏的将士还给吐蕃。可是没想到的是，这些放回的俘虏全都被吐蕃贵族所杀害，手段十分残忍，令人发指，从这以后也就断绝了后来的降者，也使得大唐失去了吐蕃这个重要的地域。实际上，先是吐蕃违反了与大唐的盟约，派兵攻打大唐，大唐完全不用理会之前盟约的限制。牛僧孺一向反对战争，主张友好相处，文宗对于这次的潍州事件感到非常的后悔，从那以后，也就对牛僧孺渐渐地疏远了。因为这次的事情，牛僧孺上书皇上请求退出朝政，文宗应允，便任命他为淮南节度使。

后来，朝中的政权都把持在了宦官的手中，朝中的风气也是渐渐的腐败，牛僧孺这时已经不愿意再镇守要地，于是又一次上书请求一个闲官做做，但是朝廷并没有同意他的请求。公元837年的五月，牛僧孺被任命为加检校司空，镇守东都。

而牛僧孺开始整治自己在洛阳的府邸,到处搜罗一些奇异怪石放在自己的院子中,很是雅兴,牛僧孺还经常和大诗人白居易在一起饮酒作诗,再也没有了为官的心情。文宗几次派人宣召,都被他以病推辞了。

武宗登基之后,李德裕成了当朝的宰相,而牛僧孺则被降为太子少保,后来又封为太子少师。公元844年,牛僧孺被人诬告与泽潞叛藩的人相互勾结,随后被皇上贬为循州长史。唐宣宗登基之后,李氏一族全都被降职,牛氏一族则是重新得到了皇上的重用。到了公元847年,牛僧孺官复原职,任太子少师。也就是在同一年,牛僧孺辞世,皇上封他为太尉,赐谥号为"文简"。

牛僧孺以参加科举考试的方式进入了官场,刚开始处理政务的时候,为官廉洁公正,在百姓的口中都有一个好的口碑,深得皇上的钟爱。在他做朝廷宰相的时候,主张重新整顿律法、查找不足,将一些残酷的刑罚除去,这也是他的一个很大的功劳。但是由于将自己陷入了李牛的征战之中,与朝中大臣李德裕素来不和,这也是他为官不好的一面,最后以至于牛僧孺与宦官勾结,私下纵容藩镇势力,从这一点上看,牛僧孺是一个非常守旧和反动的一个人。然而对于他的文学造诣,我们也不能抹去,他一生之中都爱好文学,更是广交各路文人雅士,有传奇集《玄怪录》流传于后世。

宦海沉浮的李德裕

人物名片

李德裕(公元787年~849年),字文饶。曾经在唐朝后期两次担任宰相,被册封为卫国公。老家在今天的河北赵县。他的爷爷叫李栖筠,曾经做过御史大夫,父亲名叫李吉甫,在宪宗元和初年也担任过宰相,说起来李德裕也是宰相世家出身。李德裕担任宰相时曾经负责制造钱币,兴利朝政除弊;坚决反对建立藩镇割据制度,维护中央集权制;抑制了一大批宦官专权的行为,严厉打击宣传佛教的势力;他主张整顿官吏朝纲,反对人浮于事的任用制度。正是因为有李德裕的这些措施才扭转了后唐王朝的颓废情势，使得唐朝后期出现了"会昌中兴"的大好局面。李德裕是一个文武全才，在后唐各任宰相中也是首屈一指。不过，在历史上著名的"牛李党争"之中，李德裕作为李党的领导人物，与牛僧孺等官员互相排挤的事件，在一定程度上体现了他度量狭小的一面。

人物风云

李德裕出身名门望族，从小就天资聪颖，学习非常刻苦，尤其爱看史书，特别对《左氏春秋》和《汉书》更是了然于胸。但是他有门第观念，觉得自己出身高贵不愿和平民百姓一样去参加科举，因此通过门荫进入官场，做了校书郎的职位。在元和初年的时候，他的父亲李吉甫在朝中担任宰相，为了避免任人唯亲的嫌疑，李德裕没有入朝做官。在元和十一年，张弘靖辞去宰相职位，改任为河东节度使，就任命李德裕为掌书记。李德裕的父亲去世以后，他就跟随张弘靖入朝做官，担任监察御史。唐穆宗登基后，李德裕被提升为翰林学士，不久以后又转任考功郎中。公元822年，李德裕又被升为中书舍人和御史中丞。

因为他的父亲担任宰相时，和牛僧孺、李逢吉、李宗闵，结下了仇怨，因此等到他的父亲李吉甫去世后，李逢吉等这三人就把气撒到李德裕身上。到了长庆二年的时候，李逢吉被升任为门下侍郎、平章事（宰相），就更加针锋相对。那个时候李德裕和牛僧孺都有担任宰相的威望，但是，李逢吉利用自己的职权，把李德裕调为浙西的观察使，反而举荐了牛僧孺做宰相，然后两个人就共同为相。从此以后，李德裕和李逢吉等一伙人的积怨越结越深了。

李德裕被调到浙西以后，下决心改革当地的军政和民俗中存在的一些弊端。李德裕改变前任观察使为了笼络将士的心而不惜造成府库空虚的做法，开始节俭行政开支，大力练兵。虽然给予将士的东西不多，但是将领和士兵都是公平对待，没有引起士兵们的怨言。经过李德裕尽心尽力的两年时间的治理整顿，府库的支出渐渐出现盈余。同时，他还着手去改革当地危害人们思想的旧俗。李德裕下决心破除害人的迷信，大力改变封建迷信的现象。于是他就选择一些在乡人里面比较知书达理的人进行教育劝说，对那些愚昧不听劝说的人，就依法治办。没想到在短短的几年时间里，当地百姓的恶习就彻底被革除了。紧接着，李德裕开始整顿郡内的各种祠庙，根据地方的日志，只是保留了前代名臣后贤的祠庙，剩下的一共一千零一十所都被拆除了。另外，还出兵打击当地的一些流寇盗贼，使百姓可以安居乐业。李德裕的一系列改革治理取得明显的效果，因此他得到了当地百姓的称赞和强烈拥护。

唐穆宗驾崩以后，唐敬宗继位做了皇帝。李德裕又开始对僧人的一些不法行为进行打击制止。有一年，一个妖僧扬言说亳州可以出圣水，如果喝了可以治百病。那些上当受骗的百姓，为了取得圣水，不惜长途跋涉经过艰险的塞路。而那个妖僧竟然贪心不足，每斗水卖三贯钱，爆发横财。然而病人喝下所谓的圣水，病情不仅没有减轻，反而更加严重。李德裕就上书给皇上，请求采取果断的措施，堵塞水源，惩办丧尽天良的妖僧，及时制止骗人妖术的继续横行。从此，僧人们再也不敢胡作非为了。李德裕在浙西做官期间，为老百姓的安居乐业做了很多好事，政绩一片大好，赢得了当地百姓的一致称赞。

等到文宗登基后，李德裕依靠政绩卓著而受到皇帝的青睐，公元829年，被召担任兵部侍郎。裴度见李德裕非常有才华，就极力举荐他做宰相。但是当时担任吏部侍郎的李宗闵依靠宦官的帮助，先一步取得了宰相的职位，又害怕李德裕会受到重用，于是在同年的九月份，李德裕再一次被排挤，被任命为郑滑节度使。公元830年秋，又被调任为剑南西川节度使。

西川的地理位置南临南诏（后来被称为大礼、大理），西滨吐蕃，是一个边陲要地，地理位置十分重要，直接关系到国家的生死存亡。当李德裕入蜀的时候，正好面临南诏入侵唐朝的严重局面。朝廷就下命令用土石堵塞清溪关，来切断南诏入蜀的道路。李德裕给唐文宗上书，认为南诏通往蜀道的道路艰险，只要派遣重兵把守，就一定可以保证安全。朝廷就接受了他的意见。为了了解地形，李德裕顾不得险要的地势和自身的安全，访遍了各地的城邑、山川、道路，绘成了地图；与此同时，他还加紧训练士兵，增强他们的战斗力，并积极备粮修城，防止敌人的入侵。在李德裕的努力下，蜀地的百姓生活得到安定，并且出现了安居乐业的大好局面。

公元833年春天，李德裕终于成为了宰相，李宗闵则被罢黜了相位。但是，第二年八月李宗闵又官复原职，而李德裕却被贬为了镇海节度使。公元840年，唐文宗去世，武宗登基。武宗觉得李德裕的才华卓越，于是，在同年九月又复李德裕入朝为官，因此李德裕二度成为宰相。

李德裕再次入朝为相后，虽然自成一派掌握大权，一切政事都由他做主，没有被节制的意向，并且他在平叛攻回鹘和废除佛教等方面做出过巨大的成绩，因此在朝野内外享有盛誉。但是，他在行使自己职权的时候，过于独断专行，那些排除异己的作风，不仅引来了为牛党的愤恨，甚至也遭到宦官的嫉恨。公元846年，武宗去世，宣宗登基，他的厄运就马上降临了。唐宣宗一向厌烦李德裕独断专横的作风，登基之后立即贬他为东都留守，并且将李德裕一派人从朝廷各个岗位上纷纷拔出，然后又把牛党的令狐绹、崔铉等人召入朝中为相，于是牛党的首领牛僧孺也就返朝为官了，这可真是"一朝天子一朝臣"。不久以后，李德裕又从东都留守被贬为潮州司马，后再贬为崖州司户，公元850年12月10日病逝。从此长达四十多年的牛李党争才正式收尾。

"文"耀千秋——才子墨客遍天下

善于炒作的陈子昂

人物风云

陈子昂（公元661年~702年），字伯玉，四川人，唐代文学家，初唐诗文革新人物之一。因曾任右拾遗，后世称陈拾遗。青少年时轻财好施，慷慨任侠。24岁考上进士，以上书论政得到武后重视，授麟台正字。后迁右拾遗。曾因"逆党"反对武后而株连下狱。在26岁、36岁的时候，两次从军边塞，对边防颇有些远见。38岁辞官还乡，后被县令段简迫害，冤死狱中，时年42岁。他的诗风格朴质而明朗，格调苍凉激越，标志着初唐诗风的转变，有《陈伯玉集》、《感遇》三十八首传于后世。

人物风云

陈子昂的家里很有钱，他年轻的时候毫不吝惜钱财，喜好施舍，尚义任侠。成年之后，开始发奋读书，刻苦勤学，擅长写作，并且很关心国家大事，希望在政治上有了不起的成绩。24岁的时候高举进士，被封为台正字，后来被提升为右拾遗，敢于直率。当时正值武则天当权执政，信用残酷官吏，经常草菅人命。他不怕死的多次上书直言规劝。武则天在蜀山准备挖掘隧道用以攻取生羌族，对此他又不赞成，而是提倡休养生息。他坦率的言论，经常不被采取，而且曾经因为反对武则天的株连，沦为"逆党"关进牢狱。

陈子昂眼看着自己才华盖世，却没有人重视和赞扬，于是，善于炒作的他，想了一个妙计来引起别人的关注。一天，陈子昂闲暇时到外面游玩，忽然看到有一位老人在街边叫卖："质量非常好的铜琴，有了解的人快来买呀！"于是他走了过去，仔细观看了一番发现确实是把很好的琴，便对老人说："大伯，你老出个价吧，这把琴我买了。"老人打量了他一番后说："先生是当真要买这把琴吗？我看先生外貌不俗、举止优雅，肯定不是等闲之辈，实话对你说吧，如果是别人低于三千钱是肯定不卖给他的，如果是先生想买就算两千钱吧。只要这把琴寻到真正知音之人，让它的功能得到充分发挥，我也就心满意足了。"

其实，在当时一把琴卖到两千钱完全是天价了，陈子昂却当即买下，也不讨价还价。围观的人看他花了这么多钱买下一把琴都惊叹不已，都认为他和这把琴很是不凡。陈子昂看了看围观的人说："在下陈子昂，稍微懂得点琴艺，明天会在我的住所宣德里为大家表演，请大家到时都来捧场。"

这件事很快就传开了，第二天，闻声而来的人纷纷赶往宣德里，看热闹的人也越来越多，其中包括很多文人骚客和各界的名人。陈子昂抱着琴出来，对观赏的人抱拳鞠躬说道："感谢大家来捧场，但是我今天不是来弹琴的，而是来摔琴的！"话刚说完，他就当着大家的面把琴高高举起"啪"地一声摔到地上，霎时，琴被摔得四分五裂，事情的发展完全出乎大家的意料，大家都被他的举动惊得目瞪口呆。陈子昂笑着大声对众人说："我从小刻苦学习，经史和诗集都背得滚瓜烂熟，诗词歌赋，不管是七言律诗还是五言绝句，样样我都认真去学，但是，没有人赏识我的才华。今天我的真正的目的是借着摔琴这件事，来让大家看看我写的诗词和文章。"话刚说完，他就从箱子里拿出了一大沓诗词文章的文稿，给在场的众人分发。在场的各界名流人士看了陈子昂写得诗词文章之后，都被他的才华横溢给震惊了，众人感叹不已，他的诗词文章中进步、充实的思想内容；质朴、刚健的语言风格，都深深地吸引着大家。

从此之后，在京城的大街小巷都在传着陈子昂的名字和他精妙绝伦的诗词文章，可以说是"一日之内，名满天下。"从此之后，每天去陈子昂家中拜访的客人不计其数，人来人往。不久，陈子昂的大名和他的诗词文章就传到了朝廷中，让他最终被重用，至此这位才华杰出的大诗人功成名就，而伯玉毁琴的故事也被千古流传。

公元698年，因为父亲年老被解免官职，陈子昂随从父亲回到故乡，没过多久父亲就因病去世了。父亲的病逝给陈子昂带来了沉重的打击。然而，祸不单行，后面还有更加沉重的打击在等着他。在陈子昂的老家射洪县，县令段简是个极为贪心且永远不知道满足的小人，他听说陈子昂家中很富裕，就图谋不轨，敲诈勒索陈家的钱财。陈子昂的家人给县令段简送去了20万缗，却远远不够满足他的胃口，他在没有满足自己的贪欲之下不问青红皂白就将陈子昂关进了监狱。

根据他人所说，曾经陈子昂在监狱中自己给自己算过一卦，卦象显示的是凶祸即将来临，陈子昂紧张不安地说："老天都不愿保住我的性命，看来我只能等死了！"没过多久，他就真的在监狱中去世了，终年只有43岁。

以上这件事是《唐书》上所记载的，但却让人怎么想都想不明白。因为一直到陈子昂死，他都是对君主的过失直言规劝并使其改正的谏官，朝廷并没有解除过他的官职，不知道他们老家的县令是从哪里来的"勇气"，居然敢敲诈勒索朝廷官员，以至于让陈子昂在监狱中冤死这件事情成为一个不解之谜。后来，又有人说陈子昂是在京城当官的时候得罪了武三思，他们老家射洪县县令段简是受武三思的指示才这样折磨他。但这似乎也无法解释，因为如果武三思想要报复他的话，根本不用把事情弄得如此复杂。

陈子昂的人生道路曲折，仕途历经坎坷，但不管怎样，他的一生就这样结束了。

与日月同辉的李白

人物名片

李白（公元701年～762年），字太白，号称青莲居士，唐代著名诗人，甘肃秦安人,有"诗仙"之称。李白这个名字是由他的母亲取的,据说是因为在李白将要出生的时候,有一天晚上他的母亲做了一个梦,梦里有一颗又大又亮又美的太白金星被自己吃进了肚子里。所以,李白出生后,他的母亲便为他取名为李白。李白是我国最著名的诗人之一,存世诗文千余篇,代表作有《蜀道难》《将进酒》等诗篇,并有《李太白集》传世。李白的一生,不喜功名加身,但却孤高自诩,常常以自己的布衣之身来藐视权贵,颇有晋人风骨。他游历山水,结交名士,并肆无忌惮地嘲笑以朝廷与为官者的种种作为,十分激进地批判当时腐败的政治现象,以大胆反抗的姿态,推进了盛唐文化中的英雄主义精神。

人物风云

李白出生在一个书香世家,自己的父亲在当时也是一个文人雅士,李白就是在这种文化氛围中熏陶长大。在他5岁的时候,跟父亲移居到了绵州昌隆(今天的四川江油市)。

李白号称是"五岁能诵六甲,十岁的时候就可以观百家",后来又传李白"十五可观奇书,并且可以作赋凌相如"。李白在少年的时候便以能赋诗文之名得到了周围人的称赞。

李白在年轻的时候兴趣比较广泛,他熟读诗书,以舞剑、抚琴为平时乐趣,爱好游历,更喜诗赋文章,所到之处必会赋诗留念。在他20岁以后,李白就游遍蜀中的名胜古迹,家乡的大好河山,这样的经历也造就了李白博大的襟怀、豪放的性情和他对自然无限的热爱。他从小受到儒家思想的深刻影响,再加上父亲对他的教诲,修身、齐家、治国、平天下的思想早就在李白的脑海中根深蒂固,他希望有一天自己能够像丞相管仲、诸葛亮和谢安那样,辅佐帝王,施展自己一身的才华和抱负,拯救天下苍生。但济世的他同时也受到了道家思想影响,他不屑于尘世的争斗,一心向往着潇洒自得的隐世之道。这种矛盾的思想在他创作的诗歌中表现得淋漓尽致。

年轻的李白追求自己的事业,希望自己的才华可以济世利民。公元725年,皇帝昭告天下要招贤纳士,这个消息给只有25岁的李白带来了莫大的鼓舞,于是他辞别了自己的家人，踏上了建功立业的征途。但他行进到江陵的时候便遇见了一代宗师司马子微，李白把自己的诗作拿给司马子微看后，令他惊叹不已。李白为自己的诗作得到司马子微的赞赏而高兴不已，随后便做出了这首名扬天下的《大棚赋》："激三千以崛起，向九万而迅征。"

在后来行进的途中，他一边欣赏沿途的风景名胜一边写下了许多名诗佳句。《峨眉山月歌》："峨眉山月半轮秋，影入平羌江水流。夜发清溪向三峡，思君不见下渝州。"就是他看到壮阔的峨眉山时有感而发创作出的。那时候的唐朝正处于开元盛世年间，国家繁荣昌盛，百姓安居乐业，在李白的心中，前程是一片光明。

在李白游历的过程中，他的阅历也随之增长，创作出的诗歌也是脍炙人口，他的很多的诗篇都被世人称赞。如沿途创作的《望天门山》和《望庐山瀑布》等佳作，都是为当今文坛所敬仰的诗篇，它写出了祖国的山川景色，用极其夸张的手法表现出来，给人留下了无限遐想的空间，让后人在朗读时似乎也看到了那一幅幅美丽的画卷。

在他游历的过程中，李白还喜欢上了乐府民歌，为此也写下了不少的乐府诗。就像《长干行》当中第一首的前六句是："妾发初覆额，折花门前剧。郎骑竹马来，绕床弄青梅。同居长干里，两小无嫌猜。"被人用来赞美男女之间的爱情，我们常人所说的"青梅竹马"和"两小无猜"就是这么得来的。

李白性格比较豪放、不拘小节，满腔抱负，但是他自视过高，不愿意像他人那样走科举考试的道路，希望能够通过隐居来扩大自己的影响，进而引起朝廷的重视，有朝一日能被招去为官，这种方式在当时也是比较流行的。为了自己的目标，在728年早春的时候，李白便来到了湖北的安陆，开始了自己"酒隐安陆，蹉跎十年"的隐居生活。

天宝元年的时候，也就是公元742年，朝廷也知道了李白，遂被召去长安，在临行时他写下了一首诗篇："仰天大笑出门去，我辈岂是蓬蒿人！"来表达他当时踌躇满志和欣喜若狂的心情。在长安的日子里，李白认识了当时的太子宾客贺知章，两个人志趣相投，成为了朋友。在贺知章等人的极力推荐下，唐玄宗亲自接见了李白，并且赐予了他翰林供奉的职位，被安排在翰林院为官。李白以为自己终于可以一展宏图实现自己的抱负了。然而此时的唐玄宗，早已不是那个知人善用，具有雄才伟略的贤明君主了，他之所以看重李白，并非是唐玄宗欣赏李白的抱负和才能，而是因为李白的诗词可以给自己玩乐。慢慢地李白发现自己只能在朝中成为一个御用文人时就表现了自己的不满，玄宗也对此有所觉察，就有意地疏远了他。而且李白天生的傲骨本也不适合官场上的尔虞我诈，也因此让小人有了可趁之机。

相传，在唐玄宗召见李白的时候，李白曾经让当时的大宦官高力士为他脱靴。高力士在当时虽为宦官，可是他垄断朝政，在朝中也算是有权势之人人，高力士为报"脱靴"之恨，他故意拿李白所做的《清平调》一词挑拨是非，曲解其中"借问汉宫谁得似，可怜飞燕倚新妆"两句词意，像杨贵妃告状"以飞燕代指妃子，是贱之甚矣！"（也就是说用汉朝放荡的妃子赵飞燕和您相比，对您来说，真的是大不敬啊！）杨贵妃听信了高力士的话，也因此对李白怀恨在心。杨贵妃和高力士都是唐玄宗面前的红人，他们的话自然能够对玄宗起到很大作用。唐玄宗正是听信了他们的逸言，对李白有了不好的看法，也更加疏远他了。

天宝三年间春，李白得知就算自己继续留在长安也很难施展自己的雄心壮志，更不要说有大的作为了，于是便辞去了官职。李白只在长安待了不到两年的时间，便看尽了朝中大臣之间的黑暗腐败，看到了他们为了权势钩心斗角，这也导致他后期的作品中多充满了忧愤和怀才不遇的情感，揭露和批判了现实的黑暗，谴责当时的统治阶级"珠玉买歌笑，糟糠养贤才"，整日烟花巷柳，不管百姓生死。

李白随即离开长安，去了洛阳，在那里结识了比他小11岁的诗人杜甫。两个人一见如故，相见恨晚，"醉眠秋共被，携手日同行"。而这年的秋天，杜甫便辞别李白去了长安，李白为他送行："飞蓬各自飞，且尽手中杯！"送别了杜甫之后，李白又在自己的不羁潇洒中度过了十年

李白诗风豪放不羁，在这个时期中，他为后世留下了许多描绘祖国大好河山的优秀诗篇，在当时也有了新的成就。例如在他的诗作中就有许多描写黄河的名句："西岳峥嵘何壮哉！黄河如丝天际来"。"黄河西来决昆仑，咆哮万里出龙门。""君不见黄河之水天上来，奔流到海不复回。"

755年，历史上著名的"安史之乱"爆发。玄宗皇帝带着杨贵妃向西逃走，长安成了乱军的领地，而李白也被迫离开洛阳移居江南。在此期间，他的诗风少了一些潇洒，多了一些对乱军的痛恨之情，词句间多了忧国忧民的情感。如他《古风》中写道："俯视洛阳川，茫茫走胡兵。流血涂野草，豺狼尽冠缨。"

第二年，太子李亨在灵武登上帝位，称唐肃宗。永王李璘派人请李白作为自己的幕府，共同起兵对抗叛军。没想到却被肃宗认为永王是借着叛军的名号造反，于是，便派遣军队将其一举歼灭。李白也被牵连其中，被唐肃宗流放于夜郎。李白得到这样的处罚，心情也是十分的沉重，他挥笔写下了"夜郎万里道，西上令人老"的诗句，759年的二月，朝廷大赦天下，李白因此也重新得到了自由。随后便雇了一艘东下，著名的诗作《早发白帝城》便是写于此间："朝辞白帝彩云间，千里江陵一日还。两岸猿声啼不住，轻舟已过万重山。"在他的这首诗中，每一句都洋溢着李白重获自由的欢快情绪。

上元元年，即公元760年，李白回到了自己的家乡豫章（今江西南昌）。在他生平最后几年中，李白的生活穷困潦倒，比较凄凉，但是他还是关心着当时的朝中变化。上元二年，东南地区出现紧急军情，李白纵横一生不愿放弃这报效国家的最后机会，动身前往临淮（今安徽泗县），打算跟随李光弼的军队。让人遗憾的是，李白最终病倒在了路上，这个最后的愿望也没有实现。

公元762年，伟大诗人李白病死于安徽当涂，终年62岁。一生豪迈奔放，却最终带着遗憾离开，未能给他传奇的一生再添辉煌。

与诗仙齐名的诗圣杜甫

> 人物名片

杜甫（公元712～770年），字子美，号称少陵野老，今河南巩义人。是我国著名的现实主义诗人。他忧国忧民的情怀，不与世俗同流合污的高尚品质都被后人所称颂，他为我国的诗词宝典中留下了近1500首的名作，诗艺精湛，在中国诗坛上占有很重要的地位，被后世人尊称为"诗圣"，而他的诗作也被称为"诗史"。

人物风云

杜甫"少陵野老"称号的由来，则是因为他曾经居住在长安城南的少陵附近，又因为他在成都时曾经被他人举荐为节度参谋、检校工部员外郎，所以后世人也把他称为杜少陵、杜工部等。杜甫的祖籍在襄阳（也就是今天的湖北），他出生于河南巩县，他的家庭是世代宦官，曾经在武则天统治时期风靡一时的诗人杜审言便是他的祖父，所以，杜甫从小所在的环境也算是书香门第了。杜甫天资聪明，据说7岁便可以作诗，15岁在洛阳名士中已经小有名气。

年少时的杜甫无忧无虑，每天过着"裘马轻狂"的自在生活，在他的一生中有过两次时间比较长的远游经历。第一次是杜甫孤身一人去了金陵、姑苏等江南一带，见识了祖国的迷人风景。直到开元二十三年，也就是公元735年，为了参加进士考试才又回到了洛阳，但是却等来了落榜的消息。于是在第二节，开始了他的第二次长途跋涉，这一次他去的则是齐赵一带。也正是因为他在这两次的长期旅途中，让他游览了祖国的无限风光，汲取南北方的优秀文化，大大开阔了自己的眼界，他的所见所闻也使自己的阅历更加的丰富。

在天宝三年，杜甫遇到了遭朝廷排挤的伟大诗人李白，二人便相邀游遍了整个齐鲁大地，拜访各地的文人雅士，世外高人。有时候，两个人还会对朝中政事评论一番，由此让两人惺惺相惜，建立了深厚的友谊。第二年的秋天，杜甫要西下长安，而李白也故地重游去了江南，自从两位诗人在兖州分手后，就再也没有见过面。杜甫也就把对李白的思念之情寄托在了自己的诗作中，为后世人感动和称赞。

杜甫在天宝五年到达长安后，一住就是十年，在此期间他的生活、对世事的思想和创作的情怀都发生了很大的改变。杜甫来到长安，就是为自己求个一官半职，让自己的抱负能够有用武之地，在这个朝代也能有所成就。就在天宝六年，杜甫参加了唐玄宗选拔文人雅士的考试，但是却遭到了当时只知奉承平拍马的权臣李林甫的阴谋破坏，参加考试的人一个都没有选上，这让杜甫失去了一个大好的机会。随后他不甘心自己就这样平庸一生，便给当时的达官贵人投去自己写得诗作，希望能够得到他们的赏识，进而可以得到唐玄宗的召见，可是那些诗作也石沉大海，杳无音信。

杜甫经过几番努力还是没有达到自己报效祖国的目的，在长安的日子也开始步履维艰，穷困潦倒，为了自己的生计问题，杜甫只好去一些贵族府邸给他们充当"宾客"，每天陪着他们饮酒玩乐，作诗派遣，从中也能得到一点资助。与此同时，他还结识了与他一样境地的朋友，他们有时相约去体验劳动人民的生活。理想抱负的破灭让杜甫也知道了统治阶级的腐败无能，而生活上的困苦不堪也让他尝尽了民间疾苦，这两种天壤之别的生活也都体现在了他的诗作中，如在他的《自京赴奉先县咏怀五百字》中写道："朱门酒肉臭，路有冻死骨。"就是当时两种生活的真实写照。

随后的几年中，他还写出了《兵车行》、《丽人行》、《前出塞》、《后出塞》等许多不朽的名篇，也用他自己的方式给当时的诗歌载体开创了不同的表达方式。

在长安已觉报国无门的杜甫，决定返回自己的家乡，可是就在这时便爆发了历史上有名的"安史之乱"，洛阳、长安相继沦陷后。杜甫便听到了唐玄宗逃亡西蜀的消息，而唐肃宗则在当时的灵武即位，于是他打消了回家的念头，只身北上，想去灵武投靠唐肃宗，可是不幸的是中途被叛军俘获，囚禁于长安达半年之久，随后他又冒死逃了出来，去了凤翔一带找到了继位不久的唐肃宗，得到了左拾遗一职，但是抱负还未施展，就因为直言不讳差点丢了自己的性命。757 年九月，唐肃宗的军队重新收复长安，洛阳也于十月收复，唐肃宗重新执政长安，这个时候，杜甫也已经跟着回到了长安，依然做着自己的左拾遗一职。但是次年被唐肃宗贬为华州司功参军，从此再也不能踏足长安。杜甫到达华州的时候，已经是到了夏季。这个时候，关中因为大饥荒而白骨累累，小人把持朝政，杜甫看到这种情景心灰意冷，立秋过后便辞去了自己现在的官职，漂泊山川几个月后便踏上了蜀道的艰难之途，在年底便到达了成都。

安史之乱是唐朝的一个重大转折点，正是因为此次暴动，使唐朝盛世渐渐衰弱，经济也逐渐下滑。杜甫便是这场由盛极一时到衰败的见证者：从开始的流亡到被叛军囚禁再到自己出任官职,随后经历了被贬、秦州寄居和蜀道之上的历程——无论是他的处事环境还是人事关系,都发生了天翻地覆的变化。他的这种生活经历要远远比长安时期的丰富、困难得多,因此在杜甫的名篇中,也有着多种风格的诗歌,虽然只流传下来了 200 多首,却都是经典之作,是文学史上的辉煌之作。例如他的《春望》、《北征》、《三吏》、《三别》等传世名作。

自 760 年至 770 年的 11 年间,历经了两代帝王,杜甫也在蜀中待了八年,在荆、湘一带居住了三年。杜甫也把这一经历写在了自己的诗中"漂泊西南天地间"(《咏怀古迹》),除去他在成都的五年生活还称得上安定外,可谓是一生漂泊,居无定所。到了上元元年春天,杜甫在成都城西的浣花溪畔搭建了一个小草堂,终于使自己漂泊四年的生活安顿下来,可以有一个能栖身的处所,让他多年奔走疾苦的日子,得到了暂时的休憩。这个时期他也曾写下充满爱和歌颂自然美好的诗歌,但是他并没有忘记那些流离失所、居无定所的人们,就如他在《茅屋为秋风所破歌》中所写的那样"安得广厦千万间,大庇天下寒士俱欢颜"。

代宗宝应二年的春天,长达八年之久的暴动战火终于熄灭。当杜甫得知这个消息时,惊喜若狂,以为自己终于可以回到家乡洛阳,便随口做出了《闻官军收河南河北》七律诗歌,抒发自己内心的欢悦,"白日放歌须纵酒,青春做伴好还乡",这也是伟大诗人杜甫一生最快乐的诗歌。

但是,快乐只是短暂的,虽然安史之乱得到镇压,但是国内混乱的局面却并没有得到很好的解决,杜甫的处境也是越来越糟了。765 年 4 月,杜甫的好友严武先生辞世,这也让杜甫失去了他仅有的依靠,于是他不得不于同年五月带着自己的家人离开了草堂,乘一叶扁舟东下。到了第二年的春天,他在夔州(今四川奉节县)定居下来。后来又因夔州的天气恶劣,朋友稀少,住了不到两年便又举家迁往三峡。到江陵时已是三月。他本来是想北上回洛阳,可是又因为当时河南兵乱,路段被阻隔,不能前往。所以只能在江陵待了半年,于年底又到达了岳阳。

杜甫一生中的最后两年,生活也是比较的凄惨,他几乎没有固定的居所,常年在岳阳、长沙、衡州、耒阳之间穿梭,他最后的两年时间大部分都是在船上度过。最终在大历五年的冬天，死在了往返于长沙和岳阳之间的船上，终年59岁。而在他逝世之前还写出了一首三十六韵的长诗《风疾舟中伏枕书怀》，诗中有这么两句，充分表达了杜甫忧国忧民的伟大情怀"战血流依旧，军声动至今"。杜甫离世后，他的灵柩被放在了岳阳，直到四十三年后，才被他的孙子带会了自己的家乡，埋葬于河南的首阳山下。

后世人尊称杜甫为"诗圣"，与"诗仙"李白齐名，世代受文人学者敬仰。

"大众诗人"白居易

人物名片

白居易（公元772年～846年），字号乐天，晚年又称为香山居士，汉族人，今郑州新郑人，是我国唐代伟大的现实主义诗人之一，他的诗篇在中国文学史上也有着深远的影响。白居易的诗歌涉及题材比较广泛，形式也是多种多样，语言更是通俗易懂，也有"诗魔"和"诗王"之称。在当时的唐朝身居翰林学士一职。有《白氏长庆集》流传于后世，他的代表诗作有《长恨歌》、《卖炭翁》、《琵琶行》等。

人物风云

唐代名人辈出，光是有名可查的诗人就达两千多人，其中以李白、杜甫、白居易最为著名。白居易在他的一生总共写了诗歌两千八百多首和散文八百多篇，这些显赫成绩，就算是在英雄辈出的唐朝，也是其中的佼佼者。白居易的作品数量之多，题材之广，质量之高，也让他的许多佳作在当时的唐朝就已经广为流传。比如《琵琶行》、《长恨歌》、《秦中吟》等一些脍炙人口的名篇。放眼现在的文坛上，他的诗歌也是人们争相传诵的，给中国文学宝库上添加了一份稀有的财富。

白居易，字乐天，祖籍是今天的山西太原。随后因他祖父迁到了下邽（也就是今天的陕西渭南一带）安了家，于是白居易也便是出生于下邦。白居易从小就比较聪慧，五六岁是时候就已经开始学习作诗，在他八九岁的时候就可以根据复杂的声韵来写格律诗了。在他十一二岁的时候，由于当时的藩镇互相争战，时局动荡不安，于是便跟着自己的家人来到越中（今浙江境内）避难，自此生活开始变得贫困不堪。

白居易就是只和书本笔墨打交道，每天的生活就是不停地读书、写字，以至于世人传说他因读书太多而口舌生了疮，因写字太多，而导致手腕和胳膊肘上都有了老茧。

白居易长到十五六岁时，在同龄人中已然是一个出类拔萃的小伙子了，而他的诗词水平也已经相当的出色。当时他的父亲就在徐州为官，看到自己的儿子这么有才能，打心眼里高兴，于是他给白居易提了一个建议："你有作诗的天赋，不应该一直待在这个小地方，应该去看看外面的世界。我们的京城长安，许多著名的诗人都定居在那里，你可以去拜访一下他们，与他们认识一下，这对你以后的写诗将会有很大的帮助。"

其实白居易早就生了出去的念头，听父亲提起这事，心里自然是十分的高兴。他整理好自己写的诗，把它们订成了一个小册子，然后带足盘缠，踏上了去长安的路途。

白居易到达长安后，便四处打听长安诗人的住所，有很多人都给他提起了当时的文学家顾况。于是白居易便拿着自己所作的诗稿，想登门拜访一下顾况。可是长安城是何其的大，白居易在城中花费了很多时间才一路询问着找到了顾况的家。

顾况也是才华横溢的作家，平常的时候也会有很多人登门请教。但是顾况的脾气比较怪，而且性格也是异常的高傲。特别是在后辈面前，更是喜欢倚老卖老。所以当顾况听到有一个小伙子前来请教时，心中已生厌烦之意，可是他也知道白居易的父亲是一个不大不小的官员，不便得罪，于是也就吩咐自己的随从把白居易引进来。

白居易对顾况恭敬地施了一个大礼，然后把自己平时的一些作品递给了顾况。顾况接过来刚看到白居易三个字时，竟然笑了起来，对白居易说："最近几年，长安城的米可是贵得很呢，要想在这里居住下来也并非易事啊！"

原来，因为几年间的征战，社会时局动荡不安，几乎随处可见饿死的人，而又因长朱泚叛乱刚刚平息，长安遭到了重创，就连米价也跟着飞涨，就算是像顾况这样的知名诗人日子过得都很拮据，更不用说平常的黎民百姓了。所以，当顾况看到"居易"两个字时，就和白居易开了这么一个玩笑。

白居易虽然感觉奇怪，但是也没有多说什么，只是站在一边，怀着忐忑的心等着顾况对自己诗作的点评。

顾况拿起白居易的诗卷，随意地翻阅起来。可是当顾况看待白居易所做的《赋得古原草送别》一诗时，忽然停了下来，并且嘴里还小声地念叨着。

这首诗被顾况读了几遍，脸上也露出了比较兴奋的光芒，他上前紧紧握住白居易的手，高兴地说："真是不错，小小年纪竟然能写出如此佳作，想必要在长安定居下来也并非难事了。我还以为当代的年轻人没有人才了，刚才只是和你开个小小的玩笑，可不要怪罪。"

顾况非常佩服白居易的才华。从此以后，他遇人便会谈论白居易的诗歌天赋，加上当时的顾况是长安城中有名的诗人，所以经过他的宣传，不久长安城中又出现了一位诗人，名为白居易。

在长安居住了几年后，白居易参加了当时的科举考试，并且中了进士。唐宪宗很早就已经听闻白居易在长安城中小有名气，于是便马上将他提拔为翰林学士，不久后又任命他为左拾遗。

白居易性格比叫正直，为人忠厚，担任左拾遗之后，便彻底贯彻了自己的职责所在。只要是唐宪宗做了什么不对的事情，其他人都是不愿意指出或者是不敢指出，可是白居易却不畏权势，当面提出自己的意见，有时甚至还会与皇上争论起来。

有一次，唐宪宗想提拔王锷为宰相。可是王锷生性奸诈，经常搜刮百姓民脂民膏，无恶不作，而王锷就是用这些不义之财向皇帝谄媚以获得恩宠。像王锷这样的人，白居易一向不屑与他们为伍，可是唐宪宗竟然要让这种小人为当朝宰相。白居易忍不住又向宪宗直言道："宰相肩负辅助重任，非贤良正直之人不能担此职位。而王锷则是恶贯满盈，怎么配做一朝宰相呢？如果这样的人做了宰相，对皇上您是有害无益啊！"白居易的此番话说得异常的尖锐，而又是占了一个"理"字，根本就没有辩解的余地，于是唐宪宗也不再坚持，只好放弃了这个想法。

　　白居易对于宦官干涉朝政也是比较的反感。有一年，有个地方的节度使不服从朝廷的命令，于是皇帝决定派遣自己身边的一个宦官带兵去讨伐，朝中的大臣心里对于皇帝的做法都是十分清楚，派宦官带兵打仗最后只能是失败而归，于是所有的谏臣都纷纷上书劝阻。白居易看着事态紧急，也就没有多加考虑就当面反驳了唐宪宗的意见，而且言词间也是十分激烈。唐宪宗对于白居易这次的做法非常反感，一时之间不知道自己说些什么。等下朝之后，唐宪宗就生气地对宰相说："白居易是我一手栽培起来的。可是他竟然当着这么多大臣的面对我如此无理，真是让人忍无可忍！"宰相也是个忠臣良将，听完唐宪宗的抱怨，就从中调解道："白居易的性子比较直，一向是直言不讳，这也正是他的优点啊，他之所以这么做，正是因为他对皇上是忠心的。如果因此而将他治罪，恐怕以后，就不会有人敢直谏了。"唐宪宗听了宰相的话，心中的气已将消去了一半，白居易才免去了责罚。可是，没过多久，唐宪宗还是感觉白居易不适合再做左拾遗的职位，于是就把安置在了其他的职位上。

　　白居易在做官的同时，也没有放弃他的本职，还在创作自己的诗歌。白居易作诗，并不是因为自己的无聊消遣，也没有在无病呻吟，他的每一首诗都是直接体现了现实生活，反映当今人们的生活状态。就像他的一首诗中写道："文章合为时而著，歌诗合为事而作。"这句话就完全体现了白居易创作的宗旨，其中"合"的意思就是应该。而诗中的"为时"，"为事"，都是当下的一种社会状况。他的大多数的作品，尤其是其中的代表之作《秦中吟》，它就是反映了当了宦官狗仗人势的丑恶嘴脸，也极度讽刺了其他达官贵人萎靡奢侈的荒唐生活，更是从中抒发了对平民阶层如刀山火海般痛苦生活遭遇的同情等等。也正是因为白居易作诗的矛头直指向当时政权的黑暗和权贵的荒淫，所以也受到了当时大多数有权势之人的抵触和厌恶，他们每时每刻都在想着办法诬陷白居易，想把他这颗眼中钉肉中刺彻底拔掉，以解心头之恨。

　　终于让他们抓住了一个机会。在元和十年的时候，有人派遣刺客暗杀了当朝宰相武元衡。而其中所暗含的政治因素也比较复杂，所以这让其他的朝中大臣谁也不愿去趟这淌污水，免得惹祸上身。但是白居易还是像以往一样当面站出来，上奏唐宪宗，要为宰相彻查到底，抓住元凶，给天下百姓一个交代。

那时候的白居易只是作为皇太子的侍从官，并不是谏官。为此那些对白居易恨得咬牙切齿的大臣和宦官们都紧紧抓住这个机会，说白居易已经没有评论朝政的权利，他甚至还不问谏官的意见就自作主张，这么做分明就是想越权。并且还污蔑白居易其实就是一个逆子，他甚至还把他的母亲扔到井里活活淹死。

当时的唐宪宗昏庸无能，再加上他原本就已对白居易的直言不讳心生厌恶，一怒之下便把白居易贬为江州司马（今江西九江一带）。

白居易无缘无故地被贬江州，心情是极度郁闷。有一次，当他去送别自己的客人时，在溢浦口看到了一位流落江湖的歌女。她哀怨的琴声和凄惨的身世背景，都让白居易感同身受，对她也是充满了无比的同情，回去便写下了流传百世的千古名句"同是天涯沦落人，相逢何必曾相识"，这是《琵琶行》中的两句诗，至今都被后世人广为流传。在白居易是所有诗作中，所用的词句都是通俗易懂，很容易让人背诵和理解。据说，他的每一首诗，都会找一个不识字的人来听一听。如果他们同不懂的话，他就一直改直到他们能够听懂为止。所以白居易的诗哪怕是一个拾荒的乞丐也都能理解其中意思，所以他的诗一直受到平明阶层的追捧，在当时的唐代也是风靡一世，无论是王公贵族还是平常的老百姓，都可以随口背出他的几首诗或者是几句词。有一回，白居易的朋友在当地宴请自己的宾客，正巧白居易也在，所以就一并邀请到这位朋友家，而那些前来助兴的歌女们听说白居易的到来都十分的兴奋，相互传诵，他说："那位《秦中吟》、《长恨歌》的大诗人也来了！"

白居易在当时的名声如此之大，一般的诗人实在是不能与他相比。可是他并没有因此而飘飘欲仙，相反他还是一直很谦虚，说要比才气，自己与孟浩然和韦应物等人相比还是大大不足的，就连同时期的孟郊、张籍等诗人也是不能与之相比的。

白居易对自己的诗作就是抱着精益求精的态度，对自己作品的质量永远都不满意，这也是造就白居易有如此高诗歌造诣的一个主要的原因所在。

唐宋八大家之首韩愈

人物名片

韩愈(公元768年~824年),字退之,汉族人,是今天河南孟县人。自己给自己取名叫昌黎,因此世人多叫他韩昌黎。是唐朝古文运动的提倡者,宋代著名诗人苏轼给他"文起八代之衰"的高度评价,明朝人推举他为唐宋八大家之首,在世人眼中与柳宗元的文学地位相同并称"韩柳",一生的著作有《师说》,《外集》十卷,《韩昌黎集》四十卷等等。

人物风云

韩愈是大唐一位非常有成就的文学家。他认为从魏晋南北朝开始,社会风气就日渐颓废,就连文风也受到影响衰落了。许多文人在写文章的时候,都是追求一种固定的模式,比如堆砌辞藻或是讲求对偶,都缺少对自己真情实感的表达。作为一名文人,他不允许这种文风的继续衰败,于是下定决心对这种没有生气的文风进行改革,写了不少推动改善文风的散文,在当时的文学界产生了很大的影响。由于他的写作实践和主张实际上是一种对毫无新意的文章改革,同时也继承了古代散文的一些写作传统,所以被后人称为"古文运动"。后来,人们习惯他和柳宗元两人同时称为"古文运动"的倡导人。

韩愈不仅善于写文章敢于对那些半死不活的文风提出抗议,而且还是一个直言敢谏的贤臣。因此,韩愈就做了一件得罪朝廷的事儿。

这个无所事事的唐宪宗到了晚年为了追求长生不老,开始过上了迷信佛法的生活。有一次无意中被他打听到在凤翔的法门寺里,有一座叫护国真身塔的宝塔。在塔里长年供奉着一根神奇的骨头,据世人传说是佛祖释迦牟尼佛当初留下来的一节指骨,这座宝塔每隔三十年开才放一次,专门让人顶礼膜拜。这样做的原因,是希望能够为老百姓求得人人平安,风调雨顺。

唐宪宗听信了小人的谗言居然真的相信宝塔灵验,下令特地派了三十名高手的队伍,到法门寺把那只据说是佛祖指骨的佛骨用奢侈方式迎接到长安。他首先把那只佛骨放在自己的皇宫里供奉，然后再送到寺里，让文武百官和百姓瞻仰。下面的一班文武大臣，一看到自己的主子这样认真，不论这个佛骨灵不灵眼，为了拍皇上马屁也得凑个趣。于是，成百上千的人想方设法想要弄到瞻仰佛骨的机会。家里有钱的，捐了大把香火钱；家里没钱的，就用香火在自己的头顶或者手臂上烫几个香疤，一来表示对佛祖的虔诚，二来嘛，这也算是在表达对皇帝的支持。

可是这个脾气耿直的韩愈就是不信这一套的。他从来不相信神佛，更不要说千方百计去迎合皇帝去瞻仰佛骨了。他对宪宗这样大肆奢侈来迎接佛骨的行为非常不满意，于是，倔脾气的他就给唐宪宗上了一道直谏的奏章，奉劝唐宪宗不要过分沉迷于这种迷信神佛的事。并且说，佛法的传说，不是中国的老祖宗传下来的，只是在汉明帝的时候，才从西域传了中国。他又说，在历史上只要是痴迷于信佛的王朝，存在的时间都不长，可见佛是不会保佑任何人的，只是在骗人。

唐宪宗收到韩愈的这个奏章火冒三丈，立刻把自己最信任的宰相裴度叫了来，说韩愈诽谤朝廷、对上不尊，一定要把他杀死才可以解气。

裴度赶紧替韩愈请求饶他一命，唐宪宗的气稍微平和一点后，说："这个该死的韩愈说我信佛太过分了，我还可以原谅他；但是他竟然敢说所有信佛的皇帝，寿命都不会长，这不是在咒我早死吗？就凭他对我的不尊敬，我就必须砍他的头。"

可能韩愈平时积攒了一些好人缘，在这个关键时刻，有很多人替韩愈去向宪宗求情，看在这么多人的面子上，唐宪宗没有杀韩愈，但是却把他降职到遥远的潮州去当刺史，其实就是不想再看到韩愈。

从长安到潮州，路途遥远，韩愈孤零零地一个人，又被贬到那么边远的地方去当刺史，一路上的辛酸心情又低落、又受挫真是难以言喻。等到韩愈好不容易到了潮州的时候，想到自己的不被皇帝待见的遭遇，又考虑到当地百姓的艰难生活。于是，他就把潮州官府里的官员找来问话，询问当地老百姓的生活有什么疾苦。

有官员说："这儿的粮食产量低，因此老百姓的日子经常是食不果腹；还有在城东恶溪里有一条凶恶的鳄鱼，时不时上岸来伤害百姓的牲畜，百姓的日子真是被它害的更加苦了。"

韩愈收起悲痛，振作精神说："既然是这样的大恶物，那我们就得设法把它除掉，不能让它再危害百姓。"

虽然韩愈说的信誓旦旦，可韩愈毕竟是个手无缚鸡之力的文人，一拿不动刀，二箭法又不精准，用什么去除掉鳄鱼呢？后来他想了一个文人的方法，他发挥自己的长处动笔写了一篇《祭鳄鱼文》，并且专门派人到江边去向鳄鱼诵读这篇祭文，又叫人分别杀了一只羊和一口猪，并把它们丢到江里去喂那条鳄鱼。那篇祭文的内容是，他要求鳄鱼必须在七天之内回归到大海里去，否则就派人用强弓毒箭，把鳄鱼的后代全部射杀。

韩愈是个不信神佛的人，又怎么会相信鳄鱼能通灵呢？这当然只是他想出来的安定人心的一种障眼法罢了。

然而，天下的事就是这么凑巧，据说从那以后，那只大池里的鳄鱼就真的消失了。当地的百姓都信以为真是朝廷派来的大官给鳄鱼下的驱逐令生效了，于是，都开始安心生产了，百姓的生活就好过多了。

韩愈被贬在外地做了一年官，才又被调回到了长安，专门负责国子监里的工作。然而就在这一年，厌恶韩愈的唐宪宗被宦官杀害，他的儿子李恒即位，就是后来的唐穆宗。

一代才女薛涛

> 人物名片

薛涛（约公元 768 年~832 年），长安人，字洪度，小时候跟随父亲在成都生活。父亲薛郧因做官而被流放到蜀地。薛涛从小就聪颖伶俐，只有八九岁的时候就知晓声律。

人物风云

有一天,她的父亲指着自家院中井边的梧桐树吟诵道:"庭除一古桐,耸干入云中。"薛涛不假思索就应道:"枝迎南北鸟,叶送往来风。"父亲为此发愁良久。这首出口不俗,凝聚了薛涛小时候的智慧和才华的一首诗歌,也成为她日后过上营妓生活的暗语。薛涛的父亲很早就去世了,母亲自己遗居,一直把薛涛养到可以结婚的年龄。这时候的薛涛仪表举世无双,才华横溢,在附近小有名气。公元785年,韦皋奉命镇守蜀地,就召唤薛涛来侍酒赋诗,从此以后薛涛就开始了乐伎的生活。

韦皋一共镇守蜀地二十一年,他手下的人才济济。唐朝中期的许多有名将相都出自他的大门。身为幕府营妓的薛涛,曾经和黎州刺史行一起做了《千字文令》,她的聪颖辩才博得满座喝彩;她和幕宾僚属们一起喝酒吟诗,因为极高的才华赢得了很高的声誉。并且她的诗作和才气也随着幕府走出的使车传遍了全国各地。当时年轻的薛涛尚且不知愁是什么滋味,即使自然界的物景物变化偶尔会撩起她几丝感伤的情绪,但是她仍然以"但娱春日长,不管秋风草"(《鸳鸯草》)的态度过着消遣诗酒、流连忘返的生活。由于韦皋对她的宠爱,薛涛曾经介入了幕府里面的政事,在何光远的《鉴戒录》卷十记载说:"每次奉命到蜀地的人,大部分都要求见薛涛,然而薛涛生性狂傲,从不避嫌,收到的金银布帛都据为己有。"这件事引起了韦皋的恼火,于是在公元789年将薛涛驱赶到松州。

松州是西边的边境,抵抗吐蕃的前线,这时薛涛才体会何为悲凉,就把边塞落寞的景象和自己内心的幽怨衔接起来,写下著名的了《罚赴边有怀上韦相公》和《罚赴边上韦相公》两首诗,来诉说心中的委曲,后来也因为献诗获得释放。

薛涛所写的字没有一丝女子的柔情,笔力刚劲有力且峻激。每当写字写到酣畅淋漓的时候,笔法就可以和王羲之媲美,如果再加以练习,就可以赶上卫夫人了。薛涛尤其喜欢写自己所作的诗,语意工整,意寓深邃,书法警句颇多,并因此得名。

获得自由之后,薛涛就马上回到了成都。没过多久,她就脱去了乐籍,隐居在浣花溪边写作了"前溪独立后溪行,鹭识朱衣自不惊"(《寄张元夫》)等诗作,她时常身穿红衣，在溪畔犹豫徘徊，在冷静中开始思索，在沉静中表现成熟。在溪畔的那段日子生活是自由、带有浪漫气息的，充分突出了薛涛的个性特征。她非常喜爱红色，不管是写"红开露脸误文君"(《朱槿花》)中的朱槿花，还是"晓霞初垒赤城宫"(《金灯花》)中的金灯花，或者是写"竟将红缬染轻纱"(《海棠花》)中的海棠花，全部都从"红"处着笔。她在自己的门前种满了和杜鹃一样的琵琶花，让自己整日生活在红浪般的一片花海里。甚至就连一时重金难求的"薛涛笺"，也是带着"深红小笺"。到处体现着女主人内心热情活泼的世界。

到公元805年，镇守蜀地的韦皋去世。后任的十镇节度使中，武元衡、王播、高崇文、段文昌、李德裕等五镇和薛涛都有书信往来，交往很密切，甚至当时知名的诗人有元稹、王建、白居易、刘禹锡、杜牧等也都视她为知己。虽然薛涛人已到了中年，却依然过着"门前车马半诸侯"的富贵交游生活。薛涛之所以得到众多人的爱恋，主要是因为她自身才华横溢，诗作自成一格，与那些自认为才华横溢的诗人们志同道合。

公元807年，武元衡奉命镇守成都，就上封薛涛作为校书郎，虽然没有真的授予官职，但是薛涛却从此获得了"女校书"的光荣称号。在王建的《寄蜀中薛涛校书》一诗中写道："万里桥边女校书，琵琶花里闭门居，扫眉才子知多少，管领春风总不如。""女校书"从此就成为了薛涛才名的一个代名词。"女校书"的才华横溢，不但表现在辞客停笔、"工卿梦刀"的艺术功力上，还表现在治理国家大事的政治方面。薛涛因为以前幕僚营妓的生活，从而熟知历朝历代幕府的政迹情况，所以成为了节度使们咨询信息的对象，因此受到了极高的待遇。大和五年的时候，李德裕为防吐蕃要修建一所筹边楼，薛涛就为他作了《筹边楼》一诗道：平临云鸟八窗秋，壮压西川十四州。诸将莫贪羌族马，最高层处见边头。

唐代也有像李冶、鱼玄机那样的风华才子，他们的智慧和文才或许可以和薛涛相媲美，但是在政治素质和人生经验上却显得略逊一筹。所以从这一点说来。这位"女校书"的才名是无可以替代的。

薛涛的坟墓在今天的成都市东郊，望江楼公园东锦江的旁边，在四川大学的校园内。

千古骂名——惹人恨的奸佞酷吏

安史之乱的罪魁祸首

> 人物风云

安禄山(公元703年~757年),出生在辽宁朝阳,他的父亲可能是康姓胡人,而他的母亲却是突厥部落的一个巫婆。据说,安禄山的母亲多年都没有怀上子嗣,于是便去扎荦山祈祷(突厥尊扎荦山为战斗之神),随后便于公元703年1月1日感应生子,所以起名为扎荦山。安禄山的父亲在他很小的时候便去世了,他跟着自己的母亲在突厥部族生活。后来他的母亲改嫁给了突厥的将军安波注的哥哥延偃。在开元初年,突厥部落开始逐渐没落,人们开始流离失所,他和安思顺一起逃离突厥,并结拜为兄弟,从那以后,便改为安氏,起名为禄山。随后,安禄山得到了唐玄宗的赏识,予以重任。但是,安禄山却发动了安史之乱,使大唐从繁盛走向衰败。

> 人物风云

安禄山,唐玄宗时候安史之乱的罪魁祸首。是辽宁朝阳人,他的原名是轧荦山,他的母亲为突厥人。安禄山很小的时候便失去了自己的父亲,他的母亲也改嫁给了突厥的安延偃,于是安禄山便冒姓为安氏,改名为禄山。安禄山对于边境的几种少数民族的语言很是精通，刚开始他做的便是与少数民族沟通贸易的中间人。

公元724年，安禄山因为盗窃了别人家的一只羊，被官员逮捕，准备将他乱棍打死。于是，安禄山大喊道："大人这个时候应该做的是消灭蕃军，而不是在这里棒杀安禄山，这样的您真是没有大志啊。"当时的官员张守珪一听，觉得十分有道理，又看见安禄山本人其实长得是白白胖胖的，应该不是惯犯，于是，便下令释放安禄山，让他跟在自己的帐下做事。后来因为安禄山足智多谋，又聪明机智，很是得张守珪的喜欢，于是将他提升为捉生将，并且还将他收为义子。

公元740年，安禄山又被任命为平卢兵马使。安禄山诡计多端，更是擅长逢迎拍马，在他任职期间，安禄山大量贿赂认识朝廷所派遣的使臣，也赢得了唐玄宗李隆基对他的另眼相看。开元二十九年间，唐玄宗任命他为营州都督；公元742年，安禄山又唐玄宗任命为平卢节度使；天宝三年，又任命他为范阳节度使、河北采访使二职；天宝十年，被任命为兼河东节度使，将河北、辽宁西部和山西一带的军权尽数掌握在手中，同时也掌握着民政和财政大权。

安禄山之所以这么快便拥有了很大的权势，主要是因为安禄山比较狡猾，擅长结交权贵之人。他擅用谄媚之术，获得了唐玄宗和杨贵妃等人的宠爱和信任，甚至做了唐玄宗李隆基的宠妃杨贵妃的养子。于是，只要是他进宫，他都会先去拜见自己的养母杨贵妃。他的这种行为让唐玄宗非常的奇怪，于是，他就问安禄山这样做的原因，安禄山回答道："我是一个藩人，按照我们自己的礼节，儿子们应该先去拜见自己的母亲，随后才会拜见自己的父亲。"唐玄宗听了之后，心中很是高兴。

安禄山，长的是身宽体胖，历史上对他的记载是："腹垂过膝，重三百三十斤。"甚至夸张到，在他走路的时候，两边必须都得有人搀扶着，否则根本就移动不了步子。但是当他为唐玄宗和杨贵妃跳舞时，身姿却又非常地灵巧和轻盈，与他平常的状态不同。

当时，杨贵妃的哥哥杨国忠，曾经几次向唐玄宗进言，告诫他说，安禄山以后一定会起兵谋反的。于是，唐玄宗便派遣自己的使臣去察看，而这位使臣则是被安禄山重金收买，所以，唐玄宗听到的都是对安禄山的赞美之词。公元754年1月，也就是安史之乱的前一年，安禄山拜见唐玄宗的时候，对唐玄宗说道："我原本只是一个小地方的胡人，是一个鲁莽之人，更是一个字都不认识，而您对我却如此的恩宠和信任，真是不知道以后该怎样报答您，但是杨国忠却一直想着要怎样陷害我，对于这个事情，我也是十分的痛心。"唐玄宗听了他的一番话，对他越来越器重，就连安禄山的几个儿子，也都被唐玄宗册封了官职。就这样，安禄山用这种方式，骗得唐玄宗和杨贵妃的信任，一步步地走向权力的巅峰，把持了北方全部的兵力。

此外，当时的河北一带所居住的民族混杂，情况十分复杂，但是安禄山对于当时的情况却是了如指掌。河北边境的一些小部落中，属奚族和契丹族的势力最为强大，时常会侵扰河北一带，而安禄山则是运用武力打压或者是欺诈的方法，将这两个小部落的叛军镇压，这让唐玄宗心中对他更是信任，甚至还将他看作是安边的长城。

唐玄宗晚年时期，朝野上下，腐败成风，兵力也日渐虚弱。安禄山对此认真分析和了解，而又加上他和另一个权臣之间的不和，于是便策划了一场政变，企图推翻大唐。他培养了罗、奚、契丹等八千俘虏为假子，称作是壮士，这八千人都是打仗奇才，勇猛无比；同时他还购进战马几万匹，到处打造兵器，将他手下的人都派遣到各地去经商聚财，用来准备以后起义用的军资。公元755年，他精心挑选了三十二为番将，组成了一个年轻的、战斗力很强的武力集团。

公元755年的11月，安禄山做好了充分的准备，带着自己的士兵在范阳起兵，以讨伐杨国忠的名义，发动了这场叛乱，将洛阳攻陷，史称"安史之乱"。第二年的正月，安禄山在洛阳自立为王，称大燕皇帝，建号为圣武。同年的六月，安禄山又派遣军队攻占了长安，唐玄宗带着杨贵妃逃走。从此以后，大唐的繁荣景象已经是河中的幻影，由昌盛走向了没落。这场战乱，历经了八年才终于结束。

安禄山在洛阳称帝以后，安禄山的几个儿子心中也都是很有野心，对于他的王位都蠢蠢欲动，企图找准时机，取而代之。安禄山的身体十分肥胖，哪怕是系个裤带，都要有专门的人抬起他的肚子，才可以系上。那个时候，安禄山也有了眼疾，到了后来，他的眼睛已经完全看不到东西。安禄山当时有一个宠妾段氏，便想将长子安庆绪废掉，立段氏的儿子安庆恩为太子，这使得长子安庆绪恼羞成怒。到了公元757年1月，安庆绪决定将安禄山杀死，取而代之。于是，有一天下朝之后，安庆绪偷偷来到安禄山的帐外，此时的安禄山正在休息，安庆绪自己站在帐子外面，派自己的亲信严庄和李猪儿拿着刀走进安禄山的大帐，对着安禄山那肥胖的肚子举刀就砍。当时安禄山的两只眼睛已经看不见，而他的床头也会放着一把刀，便想伸手去拿，可是最终还是没有够着，最后落得一个肠流满床，气绝身亡的下场，终年55岁。安禄山一生诡计多端，奸诈狡猾，最后却死在了自己亲生儿子的手上，真是可悲啊！

靠裙带关系发家的杨国忠

人物名片

杨国忠（？～756年），本名杨钊，山西人。是唐玄宗时期的权臣，是唐玄宗的妃子杨玉环同曾祖的哥哥，是武则天时期宠臣张易之的外甥。杨国忠专权误国，好大喜功，穷兵黩武，动辄对边境少数民族地区武力镇压，不仅使成千上万的无辜士兵暴尸边境，给少数民族地区造成了灾难，而且使田地荒芜，民不聊生。最终，由太子李亨主谋，借机把他给灭了。

人物风云

在唐玄宗独宠杨玉环之后，她的同宗哥哥杨国忠也跟着骤然得志，官职很快晋升为宰相，并且身兼四十多个官职，而他与安禄山的矛盾激化导致了安史之乱。在安禄山叛乱时期，唐玄宗本想让太子李亨继承皇位，由于杨国忠与其姐妹的极力反对而未成事实；后又弃京幸蜀，如果到了蜀中，李亨在杨国忠势力的控制下就更无出头之日了。因此，太子李亨主谋，借机除掉了杨国忠。

杨钊从小就放纵任性，行为不加检点约束，经常赌博喝酒，生活贫困，失意颇丧，为此常常向别人借钱，大家都瞧不起他。在他30岁于四川当兵的时候，努力用功，表现非常不错，却没有得到节度使张宥的重用，只让他当了个新都尉，在任期结束之后，生活更加贫困。当时经常在经济上资助他的四川富豪鲜于仲通，向节度使章仇兼琼推荐了他，对他身材孔武有力，聪明伶俐表示很满意的章仇兼琼，马上将他任命为采访支使，两人来往密切。后来章仇兼琼想让杨国忠入朝为官做自己的内应，来抵抗专权的李林甫，保住自己的官位。这时杨玉环已经被封为贵妃，而与她同胞的三位姐姐也越来越被宠幸。章仇兼琼加以利用了这一裙带关系，派遣杨国忠去京城长安向朝廷贡俸蜀锦，并给杨氏姐妹带了价值上万的四川名贵土特产。到了京城之后，杨国忠把土特产分给杨氏姐妹，且说这些都是章仇兼琼特意送给她们的。从此之后，杨氏姐妹就常常在唐玄宗面前替他们俩说好话，并把杨国忠引见给唐玄宗，将他封为曹参军，由此他就可以随从供奉官自由地出入禁宫了。杨国忠在长安安顿好了后，就利用杨氏诸姐妹得宠的机会。在宫中和朝廷内，费尽心思地巴结讨好皇上和有权势的人，以谋求私利。每次宫中设宴，杨国忠都掌管着娱乐活动的记分簿，玄宗很赏识他精明细致的运算才能，曾经赞赏他是个很好的度支郎，为此任命他为监察御史，没过多久又被提升为支员外郎兼职侍御史。一年时间不到，他就被晋升为朝廷重臣，且身兼15个以上的官职。

公元748年，杨国忠建议玄宗将全国各地库存的粮食、布帛卖掉，换成轻货送进国库。他时常对玄宗说，现在国库十分富足，古今都很少有这么充实。于是，在公元749年2月玄宗率领百官去参观国库，看到仓库里钱货堆积如山后，非常高兴，就赐给他紫金鱼袋，兼职太府卿，专掌钱粮收支重任。自此，玄宗对他更加恩宠。第二年十月，玄宗给他赐名"国忠"，以示忠诚。

杨国忠在随着地位的晋升，在生活上也越来越奢侈腐败。每当陪伴玄宗和贵妃出游的时候，杨氏诸姐妹都是先聚集在他的家中，用黄金、翡翠做装饰，用珍珠、美玉做点缀，来比赛看谁装饰的马车更豪华，杨国忠还特意拿着节度使的旌节张牙舞爪。

刚开始的时候，杨国忠和宰相李林甫关系还行，两个人互相利用彼此。他为了升官尽力巴结讨好李林甫，而李林甫也极力拉拢身为皇亲国戚的他。杨国忠积极参与李林甫陷害太子李亨的活动中，他们用诡计株连了上百家太子的党羽，因此他跟太子的梁子越结越大。后来，在新旧贵族之间争权夺利的时候，在对待王鉷的问题上，他与李林甫之间产生了很大的矛盾。两人本来都很羡慕和嫉妒皇上对王氏的恩宠，但为了约束杨国忠，于是李林甫极力提拔王氏。在王氏受到杨国忠的陷害时，李林甫又想尽办法为他开脱。由于杨国忠从中作梗，玄宗对李林甫很冷漠，而王氏也被诬陷致死。杨国忠得到了王氏所有的职位。

玄宗如此宠信杨国忠，不单是为了取悦杨贵妃，最主要的目的是借他来约束专权的李林甫，为他取代年迈的李林甫铺路。终于在公元752年11月，宰相李林甫死了，杨国忠接任了宰相的位子，且身兼40余职。

在杨国忠的政治生涯中，曾经两次发起了征伐南诏的战争。公元751年，杨国忠当上京兆尹没多久，他因为感激鲜于仲通过去对自己的帮助，于是推荐其担任益州长史、剑南节度使，命鲜于仲通率八万精兵攻打南诏，结果全军覆没。对此，杨国忠为他掩盖败状，且虚报战功。没过多久，杨国忠第二次请求起兵攻打南诏。他们在各地强制招兵，是无数人妻离子散家破人亡。公元754年六月，杨国忠又派李宓率兵七万再次攻打南诏，最终又惨败而归。两次南征，死亡达二十万众。因为他的好大喜功，不断发动侵略战争，给少数民族带来了很大的苦难，家破人亡，民不聊生。

为了发展自己的势力，杨国忠极力耍弄手段，拉拢别人，本来手续十分严格的选官制度，却被他搞得十分松懈，选官的权力被他一人垄断，致使选官质量大大下降。为此，那些满足了权欲的人，常常称赞他。而他的亲信们更是去请求玄宗，在省门为其立碑，用以歌颂他选官的"功劳"。玄宗亲自在鲜于仲通为其撰写的碑文上，修改了几个字。为了讨好、恭维杨国忠，于是鲜于仲通用黄金填写皇上修改的那几个字。

杨国忠毫不关心百姓疾苦。公元753年，关中地区洪灾持续发生，导致饥荒严重。他还特意让人拿好的庄稼给玄宗看，让其相信洪灾并没有使庄稼损害。对此，也没有人敢揭发、检举他。

公元755，安史之乱爆发。安禄山以讨伐杨国忠的借口发起了叛乱。他和杨国忠都是在天宝年间新近作高官的人，都很的玄宗的宠幸。不过，他得志的时间比杨国忠早很多。公元742年，他就身任三道节度使，掌控东北地区的精兵，这时杨国忠还没有担任高官要职。公元750年，他又被封为东平郡王。虽然杨国忠是皇亲外戚，但是直到公元748年才被提升为给事中兼职御史中丞，专判度支事。在朝廷中，安禄山根本就没把杨国忠放在眼里。在杨国忠接替宰相的职位后，想除掉安禄山，经常在玄宗面前说其有悖逆的迹象，玄宗不相信。之后，杨国忠又想到了一个诡计，请奏皇上任命哥舒翰为河西节度使，来排挤和约束安禄山。公元754年春天，事先接到杨贵妃通风报信的安禄山，将计就计，在接到玄宗按照杨国忠的建议故意召他入朝，试探他有没有叛乱的心思的诏书后，故作姿态地向玄宗申述自己忠心耿耿，使得玄宗对他更加信任，准备让他当宰相，但杨国忠适时劝阻了，只将他任命为左仆射。至此，他俩以及唐王朝之间的矛盾越演越烈，再加上杨国忠任宰相后，导致怨声载道，最终使安禄山发起了以讨伐杨国忠为名，实际上是为了夺取皇权的叛乱。

公元756年6月，叛军将潼关攻克，长安朝不保夕，于是玄宗听取杨国忠的建议，打算逃到四川避难。当将士们走到马嵬驿时，因为又累又饿，又加上炎热的天气，都不肯继续前行了。这个时候，杨国忠的政敌太子李亨以及宦官李辅国和陈玄礼都抓住时机，鼓动将士们说这次的事情都是由杨国忠导致的，现在将其杀了就能平息叛乱了。刚好这时，在驿站门口有20多个吐蕃使者截住了杨国忠的马头，管他要东西吃。心怀愤怒的将士们马上将他们包大喊："杨国忠与吐蕃谋反！"将士们全都围了过来，最终将其乱刀砍死。马上，杨贵妃也被吊死，而杨国忠的妻儿全被杀掉。

表面上看起来是将士们突然哄闹造反的马嵬驿之变，实际上是由太子李亨以及宦官李辅国、高力士等人谋划的一场政治斗争。在公元746年，遭到李林甫和杨国忠的陷害打击后，太子孤立无援；等杨国忠当上宰相后，又经常排挤、打压太子；在安禄山叛变的时候，玄宗原本打算禅位给太子，因受到杨国忠及其姐妹的极力反对，最后没有成功；后来又打算逃去四川，如果到了四川，在杨国忠势力的打压下太子就更无出头之日了。于是，太子李亨主谋策划了这场士兵哗变，借机将杨国忠除掉了。

"请君入瓮"的来俊臣

人物名片

来俊臣（公元651年~697年），陕西西安人，武则天掌权时的大奸臣。因告密得到武则天的重用，曾任司仆少卿、侍御史、左台御史中丞等职位。他以逼供为趣，以施暴为勇，以杀人为乐，以作恶为荣，已经没有人性可言，对于这样的人，谁都是有理说不清的，落到他的手中，算是倒了血霉。他及其党羽共同撰写了《罗织经》，实际上就是"整人经"、"害人经"，教他们的手下如何编造罪状、安排情节、描绘细节，陷害无辜的人。他们还争相发明了审讯施刑的方法，如"定百脉"、"突地吼"、"死猪愁"、"求破家"、"反是实"等，种类繁多，可以说是有技术的害人、整人。可见，害人害得有了理论指导，那是多么的可怕。

人物风云

来俊臣是一个把"奸臣"当成事业来做的人，所以他不会对任何人感到同情和不忍心，对待与他并肩作战的朋友也是一样的心狠手辣。

周兴和来俊臣同为帮武则天镇压反对她的人的狠毒酷吏，他们俩利用诬陷、控告和惨无人道的刑法，杀害了许多正直忠诚的文武官吏和无辜的平民百姓。有一天，武则天收到内容是告发周兴与人联络串通谋反的举报信，对此感到十分恼怒的她，责令来俊臣严查此事。对此来俊臣心里直犯嘀咕，他想：周兴是个非常狡猾奸诈的人，单单只凭一封告密信，是无法让他说出实话，来制服他的。但是也不能因为查不出结果就将他给放了啊，到时皇上怪罪下来，我来俊臣也担待不起呀！他苦苦思索了半天，终于想到了一个妙计。

来俊臣在家中准备了一桌非常丰盛的酒席，海参鲍鱼应有尽有，他邀请周兴来到自己家中，两个人你劝我喝，边喝酒边聊天，表现出一副哥俩好的样子。酒过三巡，来俊臣唉声叹气地说："我最近遇到了一个大麻烦，今天只好请兄弟你来想想办法帮帮我。事情是这样的，我刚刚接到皇上的命令，让我去查办一个案子，且一定要将事情查个水落石出，但问题是那个犯事的小子就是死不认罪，不知道老兄你有没有什么高见呢？"周兴得意地说："这事很好搞定！"说着还端起酒杯抿了一口酒。来俊臣马上装出很急切的样子说："哦，那请老兄快快指教一番。"周兴阴险地笑着说："您去找一个大瓮，然后再用炭火把四周烤热，因此那个大瓮就好像一个熔炉一样，这个时候您再让犯事的人进到大瓮里，您想想，就算犯人他是有三头六臂，他也一定会将所有事情都给招供的。"来俊臣连连点头称是，随即命令下人将一口大瓮抬了进来，按照他所说的那样，在大瓮四周点上炭火，然后回头对周兴说："朝廷内有人密告你与人联络串通谋反，上边命我严查此事。对不起了，就请老兄现在自己钻进瓮里吧。"周兴听完这话后，手里的酒杯啪哒一声掉在地上，跟着又扑通一声瘫倒在地，犹如一摊烂泥，知道自己在劫难逃，只好俯首认罪。

著名成语"请君入瓮"就是由此而来，比喻用某人的方法整治他自己。

来俊臣也不例外，一旦得志，在所难免就开始自我膨胀。来俊臣已经习惯害人、整人了，一天不害人他就开始心痒手痒了，后来由于可以被整治的人基本上都被他危害完了，他开始找不到方向了。他在寻找新的整治目标的时候，竟然把主意打到了位高权重的武氏诸王和平时对他不以正眼相看的太平公主等人身上，利用阴谋诡计给这些人罗织罪名，将其陷害入狱。

至此，大家都很惧怕来俊臣，再加上女皇武则天对他的宠信和保护，根本没有将他放在眼里的武氏诸王和太平公主等人，想要扳倒他，是没有那么简单可以办到的。这时候，真正让来俊臣陷于灭顶之灾的，却是他的下属兼朋友——酷吏卫遂忠。

卫遂忠为人聪明伶俐，能说会道，因此很受俊臣的赏识，他也算是来俊臣的死党。有一天，他喝了很多酒，醉醺醺的来到来俊臣家的门口，正逢来俊臣宴请妻子的家人，大家正济济一堂，举杯畅饮。卫遂忠突然不请而来，来俊臣觉得他醉态百出，上不了台面，就吩咐管家说：就说我不在，别让他进来！谁知道卫遂忠喝醉了耳朵还那么灵，刚好让他听到院中来俊臣猜拳行酒令的声音，他也是个比猴子还精的人，一眼就看出来其中的原委了，这可太伤自尊了！他直接硬闯了进去，指着来俊臣的鼻子就是一通狂骂，说你有什么了不起吖，我怎么就不能进来了……

等酒醒了之后，卫遂忠开始寝食难安了，越想越觉得后怕，他是来俊臣的心腹，知道来俊臣心如蛇蝎，绝对不会轻易放过自己的。于是他索性一不做，二不休，去给来俊臣下绊子了。为了保住自己的性命，他决定投靠到武氏诸王和太平公主。俗话说先下手为强，后下手遭殃。于是他先发制人，把来俊臣的阴谋诡计告诉了太平公主和武氏诸王。

武氏诸王和太平公主等人哪有那么好惹，大家联合在一起，趁着人多势众，将来俊臣一举拿下，在洛阳闹市斩首示众。洛阳城中的百姓不论男女老少都十分憎恨他，知道武氏诸王要将其斩首后，都拍手叫好。在斩首那天，洛阳城的老百姓倾城而出，都来看热闹，来俊臣人头刚一落地，百姓蜂拥而上，把来俊臣的尸体挖眼剥皮，连五脏六腑都掏了出来。顷刻间，来俊臣就尸骨无存了。

后来，武则天终于醒悟过来，将其定罪，下诏书道："来俊臣本来是个奸诈小人，向来狡猾凶恶，心狠手辣，无恶不作，虽然他死了，但是他的全族家人应该都被诛杀，从而消除人们心中的愤恨。"至此，一代酷吏来俊臣就这样走向了末日，落得如此下场真是可悲至极。

口蜜腹剑的李林甫

人物名片

李林甫（公元683年～752年），出身于唐宗室，小名叫哥奴。擅长音乐律令，灵活机动，会耍心眼。在开元年间中期，被升迁为御史中丞兼吏部侍郎，和武惠妃以及宦官都有很深的交情，经常篡改皇帝的旨意。到了开元二十二年的五月，担任宰相，并且担任礼部尚书、同中书门下三品等官职。开元二十四年底又替代张九龄任职中书令，掌握了大权。李林甫任职宰相十九年，独断专政，阻塞言路，最后助成了安史之乱。到天宝十一载的十月重病而亡。

> 人物风云

　　李林甫，是中国历史上的十大奸臣（来俊臣、庆父、梁冀、董卓、赵高、严嵩、李林甫、魏忠贤、秦桧、和珅）之一，臭名昭著。

　　李林甫最开始的时候担任吏部侍郎，但因为他为人奸诈多端，所以他和众宦官、妃嫔交情非常深厚，因此就对皇帝的一举一动了如指掌。所以他每次都可以顺应皇帝的心态奏旨，深受到唐玄宗的赏识。那个时候武惠妃最得圣宠，他的儿子寿王李瑁也因此最受玄宗的宠爱。于是李林甫就见机使舵谄附于武惠妃，最后因此受益擢升担任黄门侍郎。到了开元二十二年的五月二十八日，唐玄宗任命了裴耀卿担任侍中，张九龄担任中书令，李林甫担任礼部尚书、同中书门下三品。从此以后李林甫就渐渐开始专权的步伐。在他担任宰相的19年中，玄宗始终对他深信不疑。究竟是李林甫太奸诈还是唐玄宗太昏庸就不得而知了。李林甫最擅长的就是玩弄权术，表面上用甜言蜜语来搪塞你，背后里却用阴谋诡计暗害忠良。只要是被唐玄宗信任或是反对他的人，他一定会亲往结交，等他利用完人家自己大权在握时，就会设计除去反对他的人。就算是再老奸巨猾的人，也往往成为李林甫的手下败将。他精通音律，这点非常符合玄宗的口味，玄宗本身对音律也特别喜爱，这也许是李林甫可以被重用多年的原因吧。

　　说起李林甫的发家史，也是抓住了时机，当时的玄宗做了二十余年的太平天子，于是就逐渐滋长了骄傲懒惰的情绪。他心想，当今天下太平安乐，政事方面有宰相负责治理，边防又有将帅负责镇守，自己又何必那么为国事费心费力。于是，他就开始追求起享乐安逸的生活来。

　　当时担任宰相的张九龄看到玄宗这种情况，心里非常着急，于是就常常给唐玄宗提一些意见。唐玄宗原本很尊重张九龄的劝谏，但是到了后来，就对张九龄的意见表示厌烦并且听不进去了。

　　这个时候李林甫就出现了，他是一个不学无术，什么本事都没有的人，但是专门学了一套溜须拍马的本领。勾结宫里的宦官和妃子探听玄宗的言行，因此对玄宗的性子摸得很清楚，每当唐玄宗找他商议什么事的时候，他都能够对答如流，想地简直和唐玄宗想的一模一样。唐玄宗听了以后觉得心里挺舒服，因此就觉得李林甫非常能干，又很听话，比张九龄那个木头强多了。

于是唐玄宗就想把李林甫升为宰相，就跟张九龄商量这件事。张九龄很早就看出李林甫不是正人君子，于是就非常干脆地说："宰相这个地位，是关系到国家的安危存亡的。陛下假如任命李林甫担任宰相，那么最后只怕国家要遭到很大的灾难。"

这些话当然马上就会传到李林甫的耳朵里，因为宫中到处都有他的耳目。李林甫立即就对张九龄怀恨在心。朔方的将领牛仙客，虽然说目不识丁，但是在理财方面却颇有办法。于是唐玄宗就想提拔一下牛仙客，但是张九龄没有同意他的想法。李林甫于是借机在唐玄宗面前说："像牛仙客这样有才华的人，才是担任宰相的最佳人选；张九龄根本就是书呆子，目光短浅。"

又有一次，唐玄宗继续和张九龄商讨提拔牛仙客为宰相的事。张九龄还是执意不肯。唐玄宗就大发雷霆，厉声对他说："难道什么事都得你说了算！"唐玄宗就觉得张九龄越来越讨厌，再加上因为听信了李林甫的诬陷之词，最后终于找到借口撤了张九龄的职位，让李林甫担任宰相。

这可真是小人得志，李林甫当上宰相以后，做的第一件事就是把唐玄宗和百官的联系隔断，不允许大家在唐玄宗面前提任何意见。有一次，他把所有的谏官都召集起来，并且公开宣布说："现在的皇上任何旨意都是圣明的，我们做臣下的只需要按照皇上的意旨办事，不要在皇帝面前七嘴八舌。你们看到那些立仗马吗？它们所吃的饲料就是相当于三品官的待遇，但是如果哪一匹马胡乱叫了一声，那么立即就会被拉出去不再用了，到时候后悔都来不及了。"

曾经有一个正直的谏官没有听从李林甫的话，于是上奏本给唐玄宗提了一些建议。结果第二天，就接到了皇帝的命令，被贬到偏远地区去做县令。大家都知道其实这是李林甫的意思，于是都见识到了李林甫的厉害，以后谁也没有胆量向玄宗提出意见了。李林甫自己明白在朝廷中的名气声不好。所以在大臣中只要是能力比他强的，他就想方设法把他们除掉。他为人阴险，排挤一个人到时候，表面上没有任何表现，笑脸待人，可是在背地里却暗箭伤人。

曾经有一次，唐玄宗在勤政楼上游玩，掀开帘子远眺，恰好兵部侍郎卢绚骑着马从楼下经过。唐玄宗偶然看到卢绚的风度很好，于是就随口赞赏了几句。第二天，李林甫知道了这件事，就决定把卢绚贬为华州刺史。卢绚到任后时间不久，又被诬陷说他的身体不好，非常不称职，于是被再一次降了职。

曾经还有一个官员叫严挺之，也是深受李林甫的陷害，本来已经被李林甫排挤到外地当刺史了。但是后来，唐玄宗突然想起他，就跟李林甫说："严挺之现在还在吗？这个人非常有才能，还可以得以重用呢。"李林甫就说："既然陛下想念他，那我就去打听一下。"于是退了朝以后，李林甫急忙就把严挺之的弟弟召唤来，对他说："你哥哥不是非常想回京城来觐见皇上吗，我倒是有一个好办法。"

严挺之的弟弟看见李林甫如此关心他的哥哥，心里当然是充满感激，于是连忙请教他该如何做。李林甫说："只要让你哥哥上一道奏章，就跟皇上说他得了病，请求返回京城来看病。"严挺之刚一接到他弟弟的信，就立即上了一道奏章，请求皇帝准许他回京城看病。李林甫于是就拿着他的奏章去见唐玄宗，说："真是太可惜了，严挺之现在身染重病，不能再替陛下干大事了。"

唐玄宗看到后也是非常惋惜地叹了口气，就没有再提这件事。其实像严挺之这样的上当受骗的还真不在少数。但是，无论李林甫装扮得如何巧妙，他的阴谋诡计到最后还是会被人们识破。于是人们都说李林甫这个人就是"嘴上像蜜甜，肚里藏着剑"的小人。在李林甫当宰相的十九年里，很多有才能的正直的大臣都遭到了排斥，反而一批批溜须拍马的小人都个个受到重用和提拔。也就是在这个时候，唐朝的政治开始由兴旺转向衰败，"开元之治"的繁荣景象逐渐消失，紧接着出现的局面就是"天宝之乱"。

在天宝十一年十月的时候李林甫抱病而终，他死后遭到杨国忠的诬陷，当时还没有下葬，就被削去了官爵，子孙全部流放岭南地区，家产没收充公，按照平民的礼仪而下葬。

猖狂一时的武三思

人物名片

武三思（？～707年），唐朝并州文水人（现属山西），武士彟的孙子，女皇武则天同父异母武元庆的儿子，武则天的侄子。他是唐朝一个惹人唾骂的酷吏，依仗自己的姑姑是当朝女皇，作恶多端，留下一个千古骂名。

人物风云

弘道元年，也就是公元683年，唐高宗驾崩，由太子李显继位，史称唐中宗，而武则天是以太后身份把持朝政，成为大唐的真正掌权者。武则天为了巩固权势登基称帝，便大力提拔武氏家族成员，因此，武三思从右卫将军逐步晋升为兵部、礼部尚书，并且监修国史。公元609年，武则天登基称帝，把国号改为周，史称武周。为尊崇武氏，让天下百姓诚服，武则天把她的祖先追封为皇帝，把她的侄子和侄孙们都封为王。武三思被封为梁王，赐封一千户。

武三思生性乖巧，善于揣摩人意，阿谀奉承，所以很受武则天的信任。在公元684年，武三思和他的堂兄武承嗣，就多次劝解武则天除掉韩王李元嘉和鲁王李灵夔。公元688年，在武则天的授意下，武三思以韩王、鲁王和极力反武的越王、琅邪王通谋的名义，迫使他们自杀，并且将其党羽杀尽，清除武则天称帝的障碍。公元685年之后，武则天开始宠信薛怀义和张易之、张昌宗。

武三思、武承嗣为了讨好武则天，对薛怀义阿谀奉承，比奴仆还要恭顺。谄媚地称张易之为五郎，张昌宗为六郎，争着为其驾辕，执鞭吆喝。为了盛赞张昌宗的才貌，武三思还特意写诗说他是王子晋转世，并让当朝人士附和。武三思为了讨武则天欢喜，称颂她的功德，公元694年，武三思强迫来洛阳的使节、商人捐款百万亿，购买铜铁，铸造铜柱，名曰天枢，立于洛阳端门之外。武则天年事高了之后，不喜欢在宫中生活，所以，武三思在崇山创建三阳宫，在王寿山创建兴泰宫，为武则天提供巡游的地方。百姓都发愁工程所要耗费的劳力和财力。武三思之所以讨好和奉承武则天和其宠臣，是为了达到自己当天子的目的。公元698年，在宰相狄仁杰、吉项的劝说下，武则天虽召回了被废20余年的儿子李显，并立李显为太子，实现自己立子不立侄的许诺，但并没有怪罪武三思，仍加以重用，公元699年封武三思为中书令，并让其担任宰相之职。到武则天晚年时，朝廷大权已经落入武三思和张易之、张昌宗兄弟手中。

公元705年1月，朝中发生军事政变，以宰相张柬之、崔玄暐等为首的朝中大臣，杀死二张及其党羽，并危逼武则天传位李显，但丧失了对对武三思力量反扑的警惕。中宗李显是个昏庸无能的人，复位称帝后，皇后韦氏、上官婉儿以及安乐公主掌握了朝廷实权。武三思又与韦后，上官婉儿暗中勾结，加上安乐公主又是武三思儿子武崇训的妻子。在中宗李显刚刚登上皇位的两个月后，通过上官婉儿和韦后的暗中关系，武三思重登宰相之位。张柬之、敬晖等看到形势不妙，曾数次劝说中宗除掉武三思，中宗却不听；又劝说其削去武三思的官位，中宗仍是不听。张柬之等人见大势已去，只有悔恨但又无可奈何。武三思重新掌权之后，积极拉拢亲信，迫害异己。他首先把打击的矛头对准新任宰相敬晖、张柬之等5人。公元705年五月，中宗李显罢免敬晖等5人的宰相职务，封他们为王，实际上是削夺他们的实权。紧跟着，随后武三思让其党羽在宫内宫外散播谣言，很快就把敬晖等人贬官、流放，直至杀害。之后，凡是不归顺武氏的人，敬晖等人就是他们的下场，至此大权尽归武三思。武三思接到告密，驸马王同皎也非常痛恨他及韦后的所作所为，准备暗杀武三思，废除韦后，即命令党羽冉祖雍等人，上书诬告驸马王同皎暗中结识壮士，结果王同皎等人全部被杀。连曾起草请削武氏诸王表的中书舍人岑羲也被贬为润州刺史。因曾上书揭露武三思父子的罪行，所以韦月将、高轸接到武三思的旨意，将韦月将问斩，高轸流放。而黄门侍郎宋璟坚持月将所犯的事不至于被杀头，大理卿尹思贞借故延迟刑期。武三思得到消息后，十分不屑，下令将尹思贞贬为青州刺史、宋璟贬为贝州刺史。在极力排斥异己之外，同时他也大力提拔重用依附于他的兵部尚书宗楚客和御史中丞周利用等人，使这些人成为自己的"羽翼"和"耳目"。因此周利用、冉祖雍等人被世人斥之为武三思的五条走狗。

武三思可以说是"顺我者昌、逆我者亡"的典型人物。他经常对人说："我不知道世间什么人被称为善人，什么人被称为恶人，但对于我来说对我善的人就是善人，对我恶的人就是恶人。"中宗李显的太子李重俊，韦后和武三思都很讨厌他，因为他不是韦后所生。而安乐公主、武崇训夫妻常常侮辱太子，并且直称太子为奴仆。武崇训甚至唆使安乐公主去请求中宗将太子废除，立自己为皇太女。因此，在公元707年7月，气愤之极的太子李重俊和大将军李多祚等人联合，率御林军千骑兵300多人，杀掉了武三思、武承嗣及其党羽等十多人。武三思死了之后，中宗将其追封为梁王，谥号为宣；将武崇训追封为鲁王，谥号为忠。唐睿宗即位后，下令将武三思、武崇训的棺材给斩了、曝尸，平了他们的坟墓。

武三思的父亲是女皇武则天同父异母的哥哥，是武承嗣父亲的同母兄弟。兄弟两人因对武则天的生母无礼，因此被武则天贬职流放。武则天当上皇帝之后，武三思和武承嗣并没有因为他们的父亲流放而受到牵连，而且还很受武则天倚重成为她的左右手。

武三思是个卑鄙无耻的小人，为了自己的利益和官位什么都干得出来。薛怀义本姓冯，名为小宝，之前在洛阳市上卖药，后来被千金公主推荐给武则天，成为她最早的男宠。武则天为他改姓起名与驸马薛绍同族，让他剃度为僧，提高他的身份，使其便于出入禁宫。

薛怀义依仗着武则天的宠幸，他平时飞扬跋扈，经常骑着马在大街上横冲直撞，数次伤人，但无人敢管。武三思、武承嗣很巴结讨好薛怀义，每次薛怀义骑马出宫的时候，两人便在争着去伺候伺候。一人为其扶马鞍，一人为其握马缰，口中不断叮嘱让其小心，比奴仆还恭顺。当薛怀义失宠被杀之后，张宗昌，张易之兄弟又成为武则天的男宠。跟之前一样，武三思和武承嗣二人，又百般阿谀奉承张氏兄弟。如果张氏兄弟要骑马，两人就争着为其配鞍，尾随在马后；如果张氏兄弟要坐车，两人就争着为其驾辕，执鞭吆喝，且谄媚地称张氏兄弟为五郎，六郎。两人之所以对薛怀义和张氏兄弟百般谄媚的目的还是为了讨好武则天，因此，两人对武则天就更加万般奉承，巧为逢迎。

为了讨武则天的欢喜，赞颂她的功德，武三思以天枢的名义，购买铜铁，铸造铜柱，把铜柱立在洛阳端门外面，以此强迫来洛阳的使节和商人捐款百万亿。柱基是由铁铸成，形状像山一样，长有一百七十尺。柱是由铜铸成，高有一百零五尺，直径为十尺，雕刻蟠龙麒麟使其围绕在铜柱上，柱子的顶上有承露盘，直径为三丈。为了讨好武则天，武三思撰文，将其对武则天功德的赞颂之词，镌刻于柱，并把百官及四方国君的姓名刻在上面，由武则天自己写上"大周万国颂德天枢"，整个铸造的过程经过一年才完成。因为整个工程消耗的铜铁量太大，所募捐的钱财万万不够，于是强行且无偿的在民间搜刮百姓的农具、器皿，害得无数百姓家破人亡。此后，类似这种献媚的行为，数不胜数。在武则天丧失地位之后，靠武则天起家的武三思，因为成为了中宗李显的亲家，不仅没有失势，反而更加得宠。

中宗李显被武则天贬为庐陵王时，在押送到房州软禁的途中，其妻子韦后为其生下一女。因为当时处境艰难，李显只能脱下自己身上穿的衣服包裹婴儿，所以给孩子起名裹儿。李显夫妻特别疼爱孩子，视她为掌上明珠。裹儿十六岁的时候，由武则天作主嫁给了武三思的儿子武崇训。后来中宗复位，裹儿被封为安乐公主，武三思的儿子武崇训就名正言顺成为了驸马。中宗的昏庸无能，再加上武三思与其儿女亲家的关系，使他对武三思过去的行为都忘之脑后，于是，武三思很快就成皇宫的常客了，没过多久，竟然还与上官婉儿暗中有染。

上官婉儿因她爷爷上官仪犯罪被杀成为奴婢的关系，长期住在宫中，对政治事务颇为熟悉，再加上自己聪明伶俐，饱读诗书，博览经史，文思敏捷，才华出众，所以武则天很欣赏她，经常让她参与讨论一些政事，草拟一些文件，相当于武则天的私人秘书。在武则天去世之后，中宗李显聘上官婉儿为妃，封她为婕妤，让她专门掌管草拟诏令的职务。上官婉儿文才很好，又很浪漫，在武则天还没去世的时候，就跟张宗昌关系暧昧，现在又跟武三思暗渡风月。因为中宗李显对韦后一直不加禁制，又加上韦后野心勃勃，总想成为武则天第二。每当中宗上朝的时候，她都要跟随在旁，垂帘听政。

上官婉儿为了巩固自己的权势，所以很讨好韦后，之后又给韦后引荐武三思，使他们苟合成奸。在宫中大家几乎都知晓，武三思与婉儿、韦后三人之间的污秽行为，就只有眼昏耳聋的中宗李显自己不闻不知，还给自己头上戴了顶绿帽子的武三思引为知己，视为自己的心腹。如果武三思三天不进宫，中宗李显就陪韦后出宫，去武三思的家。当韦氏与武三思相互调笑戏谑，对饮亲狎，而中宗李显却不以为然。

宫中的丑事传扬出去，听说的人都叹气摇头。尤其是武则天丧失帝位的时候，中宗李显对武三思过去种种恶行视而不见，没有严惩，让他后来更变本加厉。皇帝昏庸，奸臣当道，人们无不切齿痛恨。

侍奉六主的宦官仇士良

人物名片

仇士良（公元781年~843年），字匡美，广东兴宁人，唐朝宦官。身为宦臣的仇士良，一生弄权干政，在宫中侍奉六主，拥立二帝，专权二十多年，大肆杀戮朝臣，凌驾于天子朝臣之上，可谓恶贯满盈。他历经6朝皇帝而不倒，而更让人称奇的是最后得以告老还乡颐养天年，直到第二年才被人揭发，由皇帝下诏免官，查抄家产。他可谓是一代巨奸，据史书记载：杀了二王一妃四宰相的贪酷二十余年亦有术自将恩礼不衰。生前任楚国公、兼统左右神策军，知内省事，死后追封扬州大都督。

人物风云

仇士良与王守澄同为唐文宗在位时的宦官，由于穆宗和敬宗的宠幸王守澄位居高位，唐文宗即位后，很不满以王守澄为首的宦官们，他决定乘仇士良和王守澄两人不和睦的时机，来打击宦官的势力。

公元834年，王守澄给唐文宗推荐了一个叫郑注的医生，把他患的中风给治好了，因此他很信任这位医生。郑注有个朋友叫李训，原来是进士，后来被流放，郑注又将他推荐给文宗，被封了官。文宗就与他们俩讨论除掉全部宦官的方法，先将王守澄封为左右神策观军容使，兼职十二卫统军，表面上是升职，其实正的目的是将王守澄手中的兵权给夺了。之后又把左神策中尉的官位封给了仇士良，让神策军的军权掌握在他的手中。在王守澄丧失了禁军兵权后，没过多久就被宫中派来的使者毒死在家里。

唐文宗以及郑注和李训在除掉王守澄后，想趁机把作威作福的宦官一扫而光。李训、郑注二人貌合神离，当郑注提前去凤翔做准备的时候，而李训却与宰相舒元舆一起谋划将之前定好的计划给改了。

公元835年11月的一天，在上朝的时候，大臣们参拜皇上后，守卫左金吾卫的大将军韩约奏报："昨天晚上，有一棵长在左金吾卫中的石榴树突然降下甘露。"李训和舒元舆率领大臣们向皇上贺喜，认为这是国家的好兆头，文宗就带着文武百官来到左金吾卫边上的含元殿，先让李训去看看这事是不是真的。他看完回来后，没有说是不是真有其事，而是建议让仇士良等宦官们再去仔细查看。

李训之前就让几百名将士在左金事吾卫的院里埋伏着，韩约领着仇士良等太监去金吾的时候，因为他太紧张了，露出了马脚，引起仇士良的怀疑，之后又让其发现了埋伏的将士，仇士良大声喊道，让太监们都返回原处，有太监趁机将皇上塞进轿子给劫走了。到了宣政殿，仇士良立刻将神策军召来守卫。李训这次真的是赔了夫人又折兵啊，没将仇士良等人杀掉，还让皇上落到他们手中，至此朝中大权完全被仇士良掌控。历史上有名的"甘露之变"就是这了。

甘露之变失败后，仇士良成了掌权者，他经常无理的对待参与了这次政变的文宗，对此文宗也拿他没有办法。他还以搜捕盗贼的名义命令左右神策副使率领军队，滥杀金吾士兵，无数人都被其杀死。可以说是"横尸流血，狼藉涂地。"便装单骑出逃的宰相舒元舆也被禁兵追擒，被屈打成招的70岁宰相王涯，全家人都被冤枉入狱。经过宦官的滥杀和不法分子的抢劫之后，京师死者狼藉，一段时间内真个皇城腥风血雨，人心惶惶。

在上朝的时候，文宗看了文武百官中有很多人不在，就问"宰相舒元舆和王涯怎么没来上朝？"仇士良奏报说："王涯谋反。"然后将招认书呈，文帝不信，就让左仆射令狐楚确认是不是王涯的笔迹，他看完后说是。后来他却密奏皇上，劝其不要相信王涯谋反的事。被仇士良知道后，就开始排挤他了。

逃跑的李训，也被抓斩首。几天后，仇士良命令百官观看斩杀王涯、贾餗等人及其家人，不管男女老少都被斩杀殆尽，后来又将韩约、郑注给杀了。自此，仇士良等人都不同程度的升官，天下被北司掌控，宰相的官职只是个形式而已。

因"甘露之变"两个宰相被杀后，文宗就把郑覃、李石封为宰相，仇士良总是斥责两相，事事压制二人，导致朝纲混乱。因李、石常常跟他对着干，以图振兴朝纲，于是他对李、石痛恨到极点，谋划将其暗杀。

公元838年1月，在骑马上朝的路上，李石被刺客射杀，马受到惊吓后将他驮回府，没想到的是，在家门口也有刺客埋伏，刺客挥刀来砍他，却将马尾砍断了，因此让李石逃过一命。文宗知道此事后大惊，派人去保护他，并下令追捕刺客，却没有结果。大臣们都很惧怕，有的人甚至不敢去上朝。李石为了避免杀身之祸，上表请求将相位辞去，文宗没有办法，只好让他挂相衔出任荆南节度使。自此，仇士良的人朝廷中横行霸道，再也没人敢当面得罪了。

公元840年，文帝因病去世，他下诏让其侄子敬宗继承皇位，因为敬宗不是仇士良立的，他就将敬宗杀了，将文宗的弟弟李炎立为皇帝，即唐武宗，将年号改为会昌。仇士良就更加任意横行了，他认为武帝的位子是他给的，竟开始瞎指挥武宗了，他诛杀或贬职所有武宗宠信的人。武宗是个意志坚毅，行事果断的人，高兴和恼怒都不表现在脸色上，他采取"内实嫌之，阳示尊宠"的方法来对付仇士良，并封李德裕为丞相来排挤斥逐他。

对于武宗排斥、疏离他的事情，仇士良是感觉到了的，于是就谋划诡计激励禁军闹事将李德裕挤走，以便将自己的地位夺回。

公元842年10月，仇士良激励禁军哄闹造反，围攻李德裕颁布文稿减少禁军开支用度的事，想乘机将其铲除。李德裕知道这是他的阴谋诡计，就急速求见武宗，听完后武宗十分生气，马上派人对禁军宣旨："赦令自朕意，宰相何豫？尔渠敢是？"将纠纷和乱子给摆平了，没让其达到目的，至此后，仇士良知道自己罪恶累累，开始坐立不安。没过多久武宗就将他贬为内侍监，知省事。

公元843年，仇士良向皇上请求告老还乡，当太监们去给他送行的时候，他还不忘向其党羽们讲解驾驭皇帝的方法："千万不能让他读书，不要让他跟文人接触，否则他就会知道知道前朝的兴亡，心存忧虑和恐惧，就会疏远我辈了。也不能让他闲着，而是让他沉溺于宴乐中，没功夫处理政务，然后我辈才能得志。"

武宗没有轻易饶过他,第二年,就抄了他的家,将他的官爵削除,只留了他一条命。没过多久,一代巨奸仇士良,就得病死掉了。

褒贬不一的"吴越国王"

人物名片

钱镠(公元851～932年),杭州临安县人,在今天的浙江临安县。到了唐昭宗时,他被封为郡王;后来梁太祖朱温称帝,他被封为吴越国王。到了公元923年,他仍然做着吴越国王,那时候是后唐庄宗李存勖称帝。直到明宗即位,才削去他国王的称号,但是因为朝中有人为他向皇帝求情,又让他恢复了国王的称号。钱镠去世以后,朝廷按照安葬王的礼数对其进行了安葬,并且赐给他谥号为"武肃"。

人物风云

钱镠在年轻的时候,性格非常刚烈强直,并且生性喜武,争强好胜,对于自己的喜欢做的事情为所欲为,从来不计后果。常常以泄私愤,把恩怨作为自己的日常事务。唐僖宗的时候,钱镠就投军当兵了,并且在潜镇将董昌的军中任部校。当时,天下已经大乱,黄巢率领的农民起义军已经开始进攻岭南,而江淮地区的盗贼也风起云涌,连年征战使得当时的唐朝民不聊生。

董昌为了平叛当时的叛乱,举旗征集军队,驰骋于杭州和越州之间进行对叛军的讨伐。在杭州的八个县中,董昌计划在每县招募一千多人,希望可以组成"一都",这样分别从八个县聚集的部众,被称为是号称"杭州八都"。在当时,刘汉宏自称节度使,占据越州一带,一直在攻取邻郡;润州自称留后知府事的薛朗一直在对当时的节度使周宝进行驱逐。唐僖宗则留在蜀地,他命令董昌对这些叛乱的军队全力进行讨伐。董昌接到命令后,立即安排钱镠处理日常的军政事务,自己则率领八都招来的将士进攻越州争取诛杀刘汉宏。然后再回来攻打润州,去擒获薛朗。等到把江浙地区平定了,朝廷封董昌为浙东节度使和越州刺史。而董昌也上书皇上为钱镠邀功,后来钱镠也被封赏为杭州刺史。

到了唐昭宗景福初年的时候,李铤被朝廷任命为浙江西道镇海军节度使。但是当时,孙儒和杨行还是秘密割据地方,在东南地区叛乱了,一时间战火狼烟又燃了起来。后来朝廷派钱镠率领大部分军队在边地驻守,此时的孙儒已经占据了宣州一带,但是他迫于钱镠的威慑,迟迟不敢侵犯江浙地区。从此,钱镠的威名更是尽人皆知了。

但是很长一段时间过去了,接受朝廷册封的节度使李铤还没有到任,这时候朝廷便任命钱镠做了镇海军节度使,然后又将润州的治所改移到了杭州,润州的军队由钱镠统一进行掌管。朝廷在越州设立了威胜军,董昌作为该地的节度使。后来董昌叛变,他在越州自称为罗平国王,制定年号为大圣,并且他想招降钱镠,任命钱镠为两浙都将。但是钱镠拒绝了他的受封,并且将董昌在这里的所作所为如实向朝廷汇报了,唐昭宗立即任命他带兵讨伐董昌。

乾宁四年,也就是公元897年,钱镠率领着跟随自己的浙西将士攻破了越州,擒获了董昌并且把他押回了京城,献给了朝廷。唐昭宗为了嘉奖钱镠,赐予他铁券,并且任命当时的宰相王溥作为了威胜军节度使。后来因朝廷无力控制两浙地区,于是有人上表奏请朝廷让钱镠统领杭、越二州,皇上同意了,改钱镠的威胜军为镇东军,让他管辖镇海和镇东两地。一时间钱镠统领两镇,拥有三万精兵,军强势壮,兵权在握,并且又远离京城,致使他在江浙一带能够独霸一方。

当时的杨行密连年对苏州、湖州(今浙江湖州)、润州三地进行攻打,并且意图能够兼并两浙,但是屡次进犯都没有成功,被钱镠击败了。后来杨行密改为侵夺州郡,而钱镠依仗当时的势力,只能控制好十三个州,所以此时,杨行密连夺数州。不仅如此,在唐昭宗天夏初年的时候,钱镠手下的大将许再思等人也发动了叛乱,他联合宣州节度使田頵一起出兵袭击杭州。正当敌军进攻到杭州城下的时候,钱镠激励跟随自己的将士,将士们受到了鼓舞,士气大增,仅一次对敌军的出击,就将他们击败了,田頵趁乱逃走。

钱镠因为屡立战功，深受朝廷重用，不免有些骄奢淫逸。他在临安的老家兴造府第，其雄壮程度无以言表，极其富丽堂皇。每年回乡探亲居住的时候，都会摆出很雄伟的仪仗队为自己开道。他的这种做法使得他的父亲钱宽每次都对他躲避不见。后来钱镠问他为什么这样做，他父亲告诉他，眼下的情形，钱镠身为十三州的主人，已经三面受敌，但是他这样招摇过市，与人争利，恐怕将来会惹出祸端，殃及全家，所以才狠心不见他。钱镠听了父亲的话从此做事小心谨慎，不再嚣张跋扈。后来，他又历任为太师、中书令、本郡王，并且还赏赐了他二万户的食邑。

　　开平元年的时候，朱温称帝，朝廷授任钱镠为尚父、吴越国王的官职。再后来，梁末朱友贞即位做了皇帝，又继续给他加封，让他继任为诸道兵马元帅。

　　同光初年，后唐李存勖做了皇帝后，依次让钱镠历任天下兵马都元帅、尚父、尚书令，封吴越国王这些官职，并且赐给了他玉册、金印等御用之物。初步建立后唐朝廷的时候，钱镠带着厚重的礼物去向皇帝进贡，并且请求成为国主，但是当时朝中的大臣认为玉简金字，都只能是御用之物，是皇帝的专用物品，钱镠作为朝廷的臣子，不应该接受这样的赏赐。但是枢密使是一个奸伪狡诈的小人，他为了讨好钱镠，屡次在皇上面前为他说情，最终朝廷同意封他为"国主"，并且还准许他有封赏的权力。

　　钱镠接到这样的诏书后，便将他原来镇海、镇东两个节度使的官职全部授予了他的儿子钱元瓘，加封自己吴越国王。并且改称自己居住的地方为宫殿，自己办公的地方也叫朝廷，他的部下也都称为臣，并且按照国家的形式多自己的部下进行官位的授予。设百官之职，唯一没有变得就是仍然使用了后唐同光的年号。他还对周边的一些地区进行了封赏，赐爵于新罗也就是今天的朝鲜庆州、渤海，今天的黑龙江省宁安市，以及沿海的各个部落首领，这使得他逐渐将自己管辖的范围分离出去，成为独立的朝廷。

　　后唐的明宗李嗣源即位以后，在朝廷中真正掌握实权的人是安重诲，钱镠曾经写过一封书信给他，新的开头直接用了为"吴越国王谨致书于某官执事"，根本没有谦逊寒暄的意思。这让安重诲感觉到他的无礼，非常生气，并且对此事一直怀恨在心，后来朝廷派遣供奉官乌昭遇去两浙地区出使，当他见到钱镠的时候，却对钱镠自称臣下，而且还对他行了参拜之礼。回到京城以后，副使韩玫就上书将乌昭遇在江浙地区的言行向朝廷详细地报告了。安重诲对于这件事非常地气愤，他下令削夺钱镠的元帅、尚书、国王等封号，并去命令他以太师的身份辞官退休。又过了一段时间以后，钱镠的儿子钱元瓘就上书朝廷，请求恢复他父亲的官爵。当时，江淮地区也不断发生叛乱，明宗李嗣源也曾经怀疑过钱氏父子心怀不轨，意图谋反，于是就派人对他们进行盘问。但是钱元瓘立即派人向皇上进贡了大批的奇珍异宝和财务，并且竭尽全力表达自己对朝廷的忠心，请求朝廷能够恢复他父亲的官职。

钱镠在杭州镇守了将近四十年，其奢华程度没有人能比得上每天都过着豪华铺张的生活。而且钱塘江的潮汐景象威猛壮观，每次潮汐就好像要吞没这座城市。于是钱镠就命令人开始大兴土木在江边修造各种各样的楼堂馆舍。还将周边的三十里的范围化为自己的管辖范围，大量进行雕刻建筑的建造。一时间杭州城内繁荣兴盛，成为江南的旅游胜地，也一度成为最为繁华的地带。

钱镠年轻时后的刚烈、暴躁的性情让很多人都对他产生畏惧。早年间，在他还追随董昌时，有一次有一个书生去拜见董昌，当时他的名片已经被递给了董昌，当这个书生见到钱镠以后，看他是个粗人，对他表现得不是很恭敬。于是钱镠对他非常生气，立即命人将他投入到了江中。当董昌要召见这个书生时，钱镠回答说这个人已经自己离开了。还有一次，在他晋升为元帅后，有人去给他献诗，在诗中写到了一句"一条江水槛前流"，听了这句诗，钱镠立即表现出不悦，他认为这个人子啊利用诗句讽刺自己，立即命人将这首诗的作者杀掉了。直到晚年，钱镠的性格才有所改变，变得能够礼贤下士，虚心请教，并且对自己的公事也开始留心处理了。到了晚年，据说江东有个文人名字叫罗隐，他诗名远扬，成为人人赞颂的才华过人的史书文人，他依附于钱镠做了他的参佐。罗隐喜欢做事，爱讥讽，有时会不小心在作诗的时候触及到钱镠，但这时候的钱镠也只是微微一笑，并没有早年怒气冲天的表现。

后唐长兴三年三月二十八日，钱镠因病去世，当时他八十一岁。后来朝廷下诏按照安葬王的礼数对他进行安葬，并且还赐给了他神道碑，"武肃"为他的谥号。

钱镠是正宗的农民阶级出身，他没有受过诗书礼仪教化，但是，他对自己的国家还是忠诚的，对于忠义二字他也铭记在心，否则，当董昌叛变，自立为王的时候，以高官厚禄对他进行诱惑，他也没有动摇，而是接受国家的命令平定叛乱。但他的思想毕竟存在着狭隘的一方面，但他为国家立下了赫赫战功的时候，他不会觉得后来自己奢华是一种浪费，因为在他看来，这是他的功劳所得。所以，钱镠是率真的，他不会做作，对于自己认为能做的他会尽力去做，他认为自己应得的，他也会尽力去享受，这就是钱镠。

名师大家——矢志不渝成典范

东渡传佛法的鉴真和尚

人物名片

鉴真（公元688年~763年），是中国唐朝有名的僧人，南山宗的传人，被日本人称为佛教律宗的开山祖师。不仅如此，他还是一位著名的医学家，日本人民称赞他的成就是天平时代文化的代表人。在佛教方面，鉴真的东渡将佛法在日本弘化开来，由于受到了当时天皇的重视，还被授予"大僧都"的职务，成为"传戒律之始祖"。除了讲授佛经，鉴真还详细地介绍了当时中国先进的医药、建筑、雕塑、文学、书法、绘画等技术知识，为日本发展带来的新的契机。

人物风云

鉴真俗家姓氏为姓淳于，扬州江阳县人，也就是今天的江苏扬州。他晚年的时候曾经受到日本佛僧的礼请，于是就东渡日本传播中国的佛教律宗。在去日本的途中，经历了重重的艰难险阻，而且致使自己双目失明，但最终到达了当时日本的奈良。鉴真东渡日本的这一行为，对传播佛教与盛唐文化做出了很大的贡献。

鉴真是唐代的一名高僧，同时还是一位医学家。在他十四岁的时候，来到了当时的大云寺出家做了僧人，跟随当时的高僧智满禅师学习佛宗经律，后来他又来到了长安，在弘景法师的身边接受足戒，在这里待长达三年。后来他又回到了扬州，但是这时候的鉴真已经是一个学识渊博，精通佛法的僧人了。又一次，日本的僧人荣睿、普照等人来到唐朝留学，进行佛学的研究，他们真诚地请鉴真能够到日本去宣传佛教经典，鉴真欣然地答应了他们的请求。

　　没过多久，他就求得大唐皇帝的同意，带着大量的佛经和参佛用的器具以及佛像，开始了他东渡日本的生涯。他先后六次东渡，途中克服了种种困难，终于在天宝十二年抵达了日本。到达日本的鉴真已经因为途中的一次意外而导致了双目失明，但是他没有忘记自己来日本的目的，仍然坚持努力向日本民众弘扬佛法，传播中国文化，并且根据自己多年的丰富经验，为他们讲授博大精深的医药知识。他从唐朝带去的香料药物等物品，受到了日本民众的欢迎，据说至今日本的奈良招提寺及东大寺正仓院等地方仍旧保存着那些遗迹。鉴真曾经因为治愈了光明皇太后和圣武天皇的病症，被日本授予了"大僧都"、"大和上"等封号，他也曾经被日本人民誉为"过海大师"。他最著名的作品有《鉴上人秘方》，可惜没有被流传开来。

　　鉴真在他14岁的时候被当时的智满大师收为了僧人，把他配居在了大云寺内。神龙元年的时候，他依照当时佛教的规矩受了菩萨戒。到了景龙元年，他离开佛寺去洛阳出游，后来又走到了长安。第二年，他就留在了长安的实际寺内依照恒景律师的要求接受了足戒。在这期间他巡游了两京，研究学习三藏佛学经典，在律藏方面有很高的造诣。之后，为他受戒的大师有道岸、恒景等人，这些人都是当时有名的律学大家，而且大多都南山宗的创始人道宣律师的再传弟子。

　　俗话说名师出高徒，所以他的律学研究才会那么透彻精深，不过他虽然继承了南山宗的佛率，但他从来都不会偏信其中的一种言论。对于当时唐代流传的律学，除了优势很大的南山宗外，还有影响相对较小的相州日光寺法砺的相部宗以及西太原寺怀素的东塔宗等，在当时形成了三足鼎立的局面。所以每次鉴真在接受老师对律学的讲解时，他都会在私下里对其他两种律学也进行研究，然后集三家的精华作为自己的理解。在这之后，鉴真东渡日本时所携带的大量律学典籍，其中不仅有南山宗的律学思想，还包含了其他两家的思想。他在日本传授佛学思想以法砺的《四分律疏》和定宾的《饰宗义记》以及道宣的《行事钞》三部著作为主，其中以法砺、定宾这两本书最为主要。

在佛教的建筑和雕塑等方面，他也颇有研究，并且也有很大的建树。根据《唐大和上东征传》中的记载，鉴真后来又去过淮南，在那里宣传佛教的经典，教授当地僧人有关佛教的清规戒律，他每到一个地方，就会一边讲授佛教经典，一边为当地建造佛寺，其中造就了大量的菩萨和佛像。他不仅通晓佛律，而且，在医药学方面，他也颇有研究，并且非常精通对药物的品鉴。据传他曾经在大云寺的悲田院做过主持，在那里他为方圆百里的民众治病，并且还经常亲自为病者煎调药物，医道被众人称赞。

到了天宝元年，日本的留学僧人荣睿、普照等人受日本佛教界和当地政府的委托，来唐朝学习佛教经典并且延请鉴真东渡日本宣传佛教经典佛法，鉴真欣然答应了。从那一年开始一直到天宝七年的时候，12年里，鉴真先后五次率领众人东渡日本，但由于当时航海技术的限制，根本无法抵御海上风浪、触礁等灾难的发生，经常会发生沉船事件，牺牲了很多民众。这也致使当时的某些地方官员一味阻挠，所以前五次东渡日本都以失败而告终了；尤其是在第五次东渡的时候，鉴真率领的船队遭到了狂风巨浪的袭击，他们在大海上一直漂泊了14天，幸运的是，最后他们漂到了海南岛的振州，也就是今天的崖县。他们在往回返的途中经过了端州，这时候鉴真听到了日本弟子荣睿病故的消息，鉴真十分伤心哀恸，再加上当地的气候炎热，突然发生了眼疾，导致了鉴真的双目失明。但是他东渡日本去弘扬佛法的意志坚定，不会为任何事而动摇。所以在天宝十二年的时候，鉴真带领一些民众开始了第六次东渡，这一次终于成功了。他们到达了今天的日本九州，第二年的二月份有到达了平城京，也就是今天的奈良。

鉴真到达了日本以后，受到了日本朝野上下盛大的欢迎。后来鉴真又分别为日本天皇、皇后以及太子等人进行了菩萨戒的传授；又为日本的440多僧人传授了佛法；后来又将日本80多个寺院中旧的佛法更改为新的佛戒。也就是从那时候起日本才真正开始有了比较正式的律学。鉴真也因此被日本尊敬地称为日本佛教的创始人。756年的时候，他被日本的孝谦天皇任命为大僧都，对日本所有的僧佛事务进行统一管理。759年，鉴真和他的弟子们苦心经营佛法，共同设计并建造了唐招提寺，此后就一直留在了那里展开了多佛律的传授。在营造、塑像和壁画等方面，他与弟子一同采用了当时唐朝最为先进的建造工艺，为后来日本天平时代形成的艺术高潮更增添了耀眼夺目的光彩。例如，今天日本的唐招提寺建筑群，那就是鉴真和他的众多弟子共同完成的杰作。寺庙的整个结构和装饰，全部都凸显了唐代建筑的风格和特色，是日本现存的天平时代留下来的最大最美的建筑群。鉴真去世之前，他的弟子们还学会了采用干漆夹等最新的建造工艺，用他们的所学为鉴真制造了一座写真坐像。现在这座佛像被日本奉为国家的珍宝。1980年2月，日本为了显示与中国的友好关系，增进两国人民世代友好情谊，曾经将鉴真的坐像送回北京和扬州两地，以便供中国人民和佛教信徒对鉴真的瞻礼。

鉴真和他的弟子在书法方面都很擅长，去日时他们带去了中国古代书法家王羲和王献之父子俩的真迹，这对日本的书法影响很大，至今好多日本人民都非常热爱中国古代的书法艺术。当时日本存在的佛典，大多是从朝鲜传入的，传授方式以口授和手抄为主，在这中间错误是在所难免的。根据《续日本纪》中的记载，当时的日本天皇为此还委托鉴真对日本现存佛典中的错误进行校正。除此之外，鉴真对日本做出最突出的贡献，是在日本传授了医药学方面的知识，为此，他被日本人民奉为医药学的始祖。不仅如此，日本后来兴起的豆腐业、饮食业、酿造业等也都被认为是鉴真传授的行业技艺。

在航海技术还不成熟的封建社会，鉴真的东渡行为，显示了他们坚定的信念和超强的意志力，同时为中国古老文明和悠久文化的传播做出了重大的贡献，也为日本的发展和文明的创造贡献了力量。

天文学家僧一行

人物名片

僧一行（公元683年~727年），本名叫张遂，汉族人，生于魏州昌乐，也就是今天的河南省南乐县。他出生于唐高宗弘道元年，死于唐玄宗开元十五年。他是唐朝杰出的一位天文学家，成为世界上第一位能够推算出子午线纬度之长的人，还编制了唐朝流传下来的《大衍历》。他同时也是佛教密宗的领袖，《大日经疏》这部密宗权威著作就出自他。

人物风云

少年时代的僧一行十分聪敏，而且非常喜欢学习。他博览经史，对于天文、历象、阴阳五行之说尤其热爱。根据《旧唐书》的记载，僧一行在20岁的时候，京城的著名道人尹崇将西汉扬雄所著的《太玄经》一书送给了一行，他废寝忘食地进行研读，很快就领会了书中的精华，然后他就根据自己的理解，做出了《太衍玄图》、《义诀》各一卷，旨在对晦涩难懂的《太玄经》进行详细而通俗的阐述。这让尹崇对他很是推崇，并且称他为"此后生颜子也"。从此僧一行的名声也被人熟知。

另外，根据《宋高僧传》中的记载。僧一行对学习也有一种不怕吃苦的精神，他曾经为了向天台山国清寺的一名隐逸大师学习数术，长途跋涉三千多里。经过一段时间的学习，使他造诣更深，也因此在当时更有声望。一行依靠自己的不断学习和研究成了为密教高僧，被当时的人称为一行阿阇梨，被人尊称为天师，成为密宗传持的八祖之一。

僧一行品行高洁，刚正不阿。当时，武则天当权，武氏之人权霸天下，没有人敢公然对抗。武则天的侄子武三思也是无人不晓的纨绔子弟，他羡慕僧一行的研究成果和品行，为了赢得"礼贤下士"的美名就有意拉拢他。但是，僧一行看不惯他的作风，而且也不愿意被别人利用，就拒绝了他。但是因为怕遭到迫害，于是就逃到了河南的嵩岳寺剃度出了家，并且从此取法名为"一行"。

一行在天文学方面为中国的科学发展乃至世界的发展作出了重大贡献，他通过自己的长期观测，终于发现了恒星移动的这一伟大现象，使人们对日、月、星辰的运动规律有了进一步发现和认识，他将已经沿用长达八百多年的二十八宿距度数据推翻了，并且还成为了历史上提出月亮比太阳离地球近的科学论点的第一人。

唐朝年间有个率府兵曹参军名叫梁令瓒，曾经设计了一个黄道游仪，并且已经用木头制成了该仪器的模型。后来他在僧一行的支持与帮助下，在开元十一年也就是公元723，用一种新的材料——铜，将此仪器铸造完成了。这台仪器不仅可以将太阳每天在天空中出现的位置测定出来，而且还可以用来测定月亮和星宿在天空中的位置。

就在同一年，僧一行带领梁令瓒等人将张衡的"水运浑象"理论继承和发扬光大，他们在原来的基础上加以设计，至于制造出了"水运浑天仪"。他们将二十八宿雕刻在水运浑天仪上，并且每天往其中注水对轮子形成冲击，使其转动，这样正好每天转一周，与天体周日视运动的规律恰好一致。水运浑天仪有一半是装在水柜子里的，柜的上框，就好像地则自然撞钟。这个古老的水运浑天仪既能将日、月、星辰的视运动演示出来，又具有自动报时的功能。它成为世界上最早的计时器，比外国著名的自鸣钟的发明早了六百多年。这使张衡的成就又被僧一行等人超越了。

从开元十二年起，也就是公元724年，唐朝皇帝就派僧一行主持全国范围内的天文大地的测量工作。他为了完成自己的人生理想和实现自己的抱负，在全国共选择了12个天文观测点，并且选派了一些天文爱好者作为自己的助手进行实地观测，僧一行本人则留在了长安对整个天文观测的工作进行总体统筹指挥。他们经过努力，终于取得了日、月、星辰一系列运动的第一手资料。对于这次天文观测来说，派去的在河南进行观测的南宫说等人得到的数据相比之下是最为科学和富有价值的。他们选择了经度相同、地势高低也相似的四个地方作为了自己的观测地点，分别对当地的北极星高度进行了准确的测量，还分别测量了冬至、夏至和春分、秋分四时日影的长度，以及测量了四地之间的距离，最后这些数据交到了僧一行的手里。并且经过他的统一计算，得出了北极高度差一度和南北两地相距大约为351里80步的结论，也就是今天的科学数据129.2公里。虽然僧一行统筹开展的天文测量工作与现在的1度长111.2公里的科学测量值相差比较大，但是他也是世界上第一位能够用科学的方法对子午线进行实地实测的人，为后来的科学发展奠定了基础。他的做法得到了世界天文观测的认可，中国科技史专家李约瑟就曾经评价僧一行组织的这次对子午线长度测量为"科学史上划时代的创举"。

僧一行不仅在天文学方面有很大的成就，他还主张以实际得到的测量数据为基础修订历法。在他经过了几年的天文观测并得到大量的数据以后，就开始了编历的准备工作，在开元十三年的时候着手进行编制。他用了两年的时间完成了历法的草稿，并且为他取名为《大衍历》。

《大衍历》的编制是以刘焯的《皇极历》作为基础的，并且将《皇极历》作为参考，在此基础之上根据他的天文观测结果又做了进一步的发展。《大衍历》的编制共分为7篇，分别为步中朔术、步发敛术、步日躔术、步月离术、步轨漏术、步交会术、步五星术。这部历法将前人岁差的概念进行了发展，创造性地将计算食分的方法提了出来，并且发现了不等间距额二次内插法的公式以及新的二次方程式、求和公式等，并且还将古代的"齐同术"，也就是今天常用的通分法则运用到了历法的计算当中。

僧一行在他45岁的时候，也就是完成《大衍历》的同年不幸去世。到了开元十七年的时候，《大衍历》正式被朝廷颁布实行，并且一直沿用了长达八百多年。后来经过科学的验证，《大衍历》比当时已有的其他历法要精密、准确得多。后来，《大衍历》作为当时世界上较为先进的历法，在日本、印度两个国家也相继流传使用了近百年，对这两个国家的历法也产生了极大的影响。

僧一行一生在天文和历法上所取得的卓越成就在人类发展的文明史上占有重要的地位，而且他提出对天文学实际观测的科学方法，对世界天文学的发展起到了极大的促进作用。后来这个方法就成为了历代天文学家进行学术研究时采用的基本方法，引导着大批的天文爱好者和学者们破解了一个又一个的天文奥秘。

"药王"孙思邈

> 人物名片

孙思邈（公元581年~682年），汉族人，唐朝京兆华原人，位于今天的陕西耀县，是中国古代医学史上有名的医师与道士，更是中国乃至世界公认的伟大的医学家、药物学家，被后人尊称为"药王"，许多身在外国的华人都称他为"医神"。

> 人物风云

孙思邈幼年体弱多病，所以他从18岁起就立志要学习医术，20岁的时候就能够为乡邻治病。他对故典医学研究深刻，非常重视对民间偏方的验证，他一生都致力于医学的临床研究，对医学各科都有研究，例如内、外、妇、儿、五官、针灸等，他大约在我国医药学史上开创了二十四项成果，特别他论述的医德思想，并且倡导重视妇科、儿科、针灸穴位等思想都是前人没有提出过的理论。他的一生都致力于对药物研究发现上，他曾经到过峨眉山、终南山、下江州等地，并且一度隐居太白山，一边致力于行医救人，一边进行中药的采集，并且进行临床试验。

孙思邈是一个医德高尚的人。他始终认为，作为一个医生的第一职责就是解除病人的痛苦，对于其他的自己则可以没有过多的欲望。在对待病人方面则主张应该一视同仁，不能有贫贱富贵和等级的区别，不应该把病人分为三流九等。对于这些思想，他一般会严格要求自己身体力行，从来不慕名利。他用自己的实际行动和毕生的精力为后世人做出了崇高医德的榜样，同时也成为我国医德思想的创始人，奠定了统一思想的理论基础，因此西方国家的医学家们尊敬地称他为"医学论之父"，并且把他列为与希波克拉底齐名的世界三大医德名人之一，为中国古代的医学发展做出了巨大贡献，也当之无愧的别成为中国著名的科学家和思想家。孙思邈一生都不追名逐利，他厌倦世俗的名利之争。周宣帝在位时，曾经下诏封他为国子博士，唐太宗也曾经想要授予他官位，到了唐高宗的时候，又请他进宫做谏议大夫，但是，他都婉言拒绝了，将毕生的精力都放在了医学之上。

孙思邈的一生不仅致力于治病救人，还勤于著书，将自己对医学的研究记录下来，供后世的人学习。他晚年隐居在京兆华原的五台山，俗称药王山，在那里他专心立著，一直到了白首之年，都没有放弃过。他一生写了八十多种书，其中影响最大的就是《千金要方》和《千金翼方》，两部医学巨著共有60卷，其中收录药方6500首。今天大家所熟知的《千金方》就是《千金要方》和《千金翼方》的合称，它主要系统地总结了唐代以前的医药学成就，被誉为中国最早的一部具有临床医学经验的百科全书，对后世医学的发展做出了重大的贡献。

孙思邈作为中国古代的医学大家，是继张仲景之后中国第一个系统研究中国医药学的先驱，在中华医学的发展先河中他就像是一颗璀璨夺目的明珠熠熠生辉，为中外医学史的发展做出了不可磨灭的功勋，千余年来因为他不朽的医学功绩受到后世人们的高度评价和崇拜。唐太宗李世民曾经这样赞孙思邈，说他是"凿开径路，名魁大医。羽翼三圣，调合四时。降龙伏虎，拯衰救危。巍巍堂堂，百代之师"。宋徽宗也曾经称赞他为"妙应真人"，后世人鉴于他的医学成就，也都尊称他为"药王"。直到现在，我国各地也都设立了祠堂，以此来纪念孙思邈。

孙思邈以他的精神感动着后世子孙，他不仅为今天的医学发展做出了卓越的贡献，而且也为今天的医学工作者做出了榜样。是的，生命是不分等级的，每个人的生命都有他存在的价值，而且也有他存在的意义。当他们面临痛苦的时候，不应该对任何人产生歧视，救死扶伤本身就是作为一名医生的职责。可是这样的理论在那个等级制度严重泛滥的年代，还没有人能够有如此超前的意识。但是孙思邈做到了，他不仅留下了众多的医学巨著，而且这一理论的提出，也为后世的医学奠定了理论基础。

历尽艰辛得真经的玄奘

人物名片

玄奘（公元602年～664年），俗姓陈，名袆。出生于河南洛阳的洛州缑氏县，也就是今天的河南偃师。他是汉传佛教史上最伟大的翻译佛经的大师之一，成为中国佛教法相唯识宗的创始人。他一般采用直译的方法对佛经翻译，笔法谨严，他编著的《大唐西域记》，成为了后世研究印度以及中亚等地的古代历史地理的重要资料。后来民间广泛流传这他西域取经的故事，如元朝的吴昌龄编著了《唐三藏西天取经》，明朝吴承恩又在此基础上编著了中国文化史上四大名著之一《西游记》等。

人物风云

早年玄奘的兄长在洛阳的净土寺出家，取法号为长捷。少时玄奘因家境困难，就跟随兄长长捷法师住在了净土寺，并且跟他一起学习了五年的佛经。他勤奋好学，仅在他十一岁的时候就熟读了《妙法莲华经》、《维摩诘经》等；在这期间，他又研习了小乘和大乘佛教。后来在他13岁的时候洛阳度僧，他被破格入选为僧人。在后来他就在寺中听景法师开始讲解《涅槃》，跟从严法师学习《摄论》。经过一段时间的学习他提升为复述，并且随佛经可以进行详细地分析与讲解，他也因此博得了大众的钦敬。

在武德七年的时候，他离开成都，沿江东下去参考学习传授经法。他先到达了荆州的天皇寺。开始讲解《摄论》、《杂心》，使得淮海一带的名僧都赶来听讲。在这讲完以后，他又继续前行，赶往赵州学习研究了《成实论》，后又到达扬州听惠休大师讲解了《杂心》、《摄论》，并且吸收了他的精华，对自己的见解加以完善。贞观元年的时候，玄奘再一次来到长安学习外国语文和佛学。在此期间，他拜访了当地有名的佛教大师，先后从慧休、道深、道岳、法常、僧辩、玄会等大师那里学习了《摄大乘论》、《杂阿毗昙心论》、《成实论》、《俱舍论》以及《大般涅盘经》等经论，使他对于佛经的见解又有了更高的提升。

但是他也因此感到困惑，因为每个人对佛经都有自己的见解，而且也都有自己的道理，各派学说纷纭，使得他很难得出谁对谁错的定论。于是，他便下定决心去天竺学习佛教。

在贞观元年的时候，玄奘与陈表结伴，请求唐朝皇帝能够允许他们西行求法。但是在当时并没有获得唐太宗的批准。然而玄奘决心已定，决定冒着违反国家法律的风险，私自去天竺。于是，他便从长安的神邑出发了。

贞观二年正月，玄奘到达了高昌的王城，也就是今天的疆吐鲁番市境，在那里他受到了高昌王麹文泰的礼遇，并且与他结为了兄弟。后来他又途经龟兹、凌山、素叶城、迦毕试国、赤建国、飒秣建国、葱岭、铁门等地，到达了货罗国故地。后来他又开始向南行进，经过了缚喝国、揭职国、大雪山、梵衍那国、犍双罗国、乌伏那国等，最终到达迦湿弥罗国。在此地学习《俱舍论》、《顺正理论》及因明、声明等，并且向毗戍陀僧诃、僧苏伽蜜多罗、婆苏蜜多罗、苏利耶提婆、辰那罗多佛学大师取得了纸张记录的佛学经典，前后共经历了两年的时间。

当他到达磔迦国的时候，也就是今天的巴基斯坦旁遮普，他跟随一名为罗门的老婆婆学习《经百论》、《广百论》；到了那仆底国，今天的印度北部之菲罗兹布尔地方时，他跟随毗腻多钵腊婆学习了《对法论》和《显宗论》等等。他没到达一个地方，一定会跟当地用有名的大师学习佛教的经典。一直到贞观五年时，玄奘历尽千辛抵达了摩揭陀国的那烂陀寺，并且跟着戒贤学习。

玄奘在那烂陀寺待了整整5年，在那里他受到了良好的待遇，还被选为了通晓三藏的十名高僧之一，三藏也就是当时的五十部经书。他前后听戒贤大师讲解了《瑜伽师地论》、《顺正理论》及《显扬圣教论》、《对法论》、《集量论》、《中论》、《百论》以及因明、声明等佛学经典，在此期间，他又自己学习了各种婆罗门书。

贞观十年的时候，他离开了那烂陀寺，先后又到达了伊烂钵伐多国、萨罗国、安达罗国、驮那羯磔迦国、达罗毗荼国、狼揭罗国、钵伐多国等地，每到达一个地方，就会在该地访师参学。他在钵伐多国停留了两年，悉心对《正量部根本阿毗达摩论》及《摄正法论》、《成实论》等进行研习，然后又重新返回那烂陀寺进行整理。不久，他再次离开，到达低罗择迦寺和那里的般若跋陀罗大师一起探讨有关三藏及因明、声明等佛学经典，后又到杖林山拜访了胜军，对唯识抉择、意义理、成无畏、无住涅盘、十二因缘、庄严经等论说进行研习，并且互相切磋质疑。两年之后，他再次返回了那烂陀寺。这时候，戒贤叮嘱玄奘要向那烂陀寺的僧侣讲解传授摄论、唯识抉择论等佛学经典。这时候正好赶上中观清辨的大师子光也在那里对《中论》和《百论》进行讲解，他本身就比较反对法相唯识的学说。正好两个人之间形成了对立。于是，玄奘为了调和大乘中观、瑜伽两派的学说，就编著了《会宗论》三千颂。同时还参与了与正量部学者般若多的辩论，并为此又编著了《制恶见论》一千六百颂。此后，他应东印迦摩缕波国国王鸠摩罗的邀请去该地讲经说法，后来他有根据自己的理解编著了《三身论》。

接着他与戒日王进行了会面，并且得到了该国的优厚礼遇。戒日王决定在曲女城召开一次佛学的辩论大会，并且让玄奘作为这次辩论大会的会主。这个消息一时间聚集了五印18个国王、3000个大小乘佛教学者和外道2000人。当时玄奘在讲解论说的时候，任凭任何人对他进行发问，但是却没有一个人能够予以诘难。经过这一次的论证，也让他名震五印，被大乘尊敬地称之为"大乘天"，也被小乘尊为"解脱天"。后来，戒日王又坚决邀请玄奘去参加本国5年一度的无遮大会，历时75天。在会后他就带着自己取得的佛家经典会了唐朝。回国之后，他将自己带回的佛学经典进行了广泛的讲解和传授，受到了唐朝皇帝的热情接待以及本国人民的欢迎。

从玄奘翻译并传播的佛学经典来看，充分反映了公元五世纪以后与印度相关的学说。当时印度那烂陀寺等地方的佛学，已经被分为了因明、对法、戒律、中观和瑜伽等五科。他又根据自己的理解，在明科里译出了《理门》和《入正理论》，为后来的佛家逻辑轨范奠定了论议基础上。于对法科，他也经过自己的研习和努力，将几部比较经典的著作原原本本地传译到了本土；不仅如此，他在翻译的同时还加入了自己的思想和研习成果，显示出了自己对法经的理解与瑜伽论的不同之处，同时又指示出了大小对法互相通融的途径。对于戒律科，他翻译并传播了大乘唯一的著作《瑜伽菩萨戒》，并且也编著出自己的《受戒羯磨》，以此作为僧人日后行事的规范。对于中观科类，他特别翻译出了护法的《广百论释》，并且在其中显示了将瑜伽系思想贯通其中的伟大成就。瑜伽科，玄奘则翻译了多部经典著作。他所翻译并编著的这些著作可以说是当时那烂陀寺最为繁盛时期传承下来的佛学精华，而这些经典也基本上都由玄奘翻译传入了大唐。

当他带着大量佛家经典回到大唐时，唐太宗亲自撰写了一篇长七百八十一字的《大唐三藏圣教序》来嘉奖他为中国的佛教的发展所作的贡献，文中称赞玄奘是"松风水月，未足比其清华；仙露明珠，讵能方其朗润"。如此华美的句子，足以显示出对玄奘的肯定和对他极高的评价。后来，当玄奘病危的消息被唐高宗知道后，立即派出了多名宫中的御医前往救治。在唐高宗麟德元年的时候，玄奘在长安的玉华宫圆寂，死后葬于白鹿原。玄奘逝世后，唐高宗悲痛伤感，并且因此而罢朝，口中还反复叨念着"朕失国宝矣"。

玄奘的一生是辉煌的，他虽然在求取真经的途中历经艰辛，但是，他以自己顽强的意志最终实现了自己的梦想。他对于佛学的苦心研究让他登上了佛学高峰的顶端，他也因此赢得了世人的敬仰，为中国古老的传统文化更增添了光辉的一页。

苦命的书法家褚遂良

人物名片

褚遂良（公元596年~659年），是唐朝时期著名的书法家。褚遂良的书法，初期仿照的是虞世南，而晚年则是临摹的钟繇、王羲之，在他的书法中融会了汉代的隶书，自成一家。与欧阳询、虞世南、薛稷称为初唐四大书家。褚遂良为后人留下了《孟法师碑》、《雁塔圣教序》、《伊阙佛龛》等书法珍宝。

人物风云

褚遂良的家世也是属于名门贵族。他生于公元596年，是浙江钱塘人。褚遂良的父亲褚亮在当时也是一名非常厉害的人物，在秦王李世民时期任职散骑常侍，与虞世南、欧阳询等人是很要好的朋友。

隋朝末年，各地硝烟四起，唐王李渊带领着自己的军队攻打隋朝，随后隋朝灭亡，在古老中国的这片土地上出现了一个强大的王朝——唐朝。唐朝建立的时候，褚遂良还在甘肃。其父褚亮当时是隋朝的为东宫学士。

后来，薛举在兰州称帝，褚遂良的父亲褚亮担任黄门侍郎一职，而褚遂良则是薛举的通事舍人，下达皇上的命令和呈递奏章。

唐朝刚刚建立后，薛举便带着自己的军队对唐朝挑衅。他举兵将甘肃的大部分地区攻陷，随后还妄想攻陷长安。可是，没想到，在他进攻长安的过程中，突然发病而死，随后由他的儿子薛仁杲登基。公元618年的11月，李世民率军包围了薛仁杲所在的营地。将薛举的将士全部俘虏，而薛仁杲也只好投降。接着，李世民收纳这些俘虏为自己的兵力，而薛仁杲则是被押往长安进行。褚遂良便是这样加入了李家王朝，也是他政治生涯的开端。

刚开始的时候，他担任的是铠曹参军一职，掌管着重要的军务。这也就表明了，唐王李世民十分欣赏褚遂良。之后，李世民曾经对长孙无忌说过："褚遂良为人比较耿直，并且有真才实学，对朕也是表现出了极大的忠诚，如果飞鸟选择良木而栖，理应更加怜爱。"

公元621年，唐王李世民战无不胜，一时之间也是声名远播，唐高祖时将东部平原地带全部交给李世民掌管，并且还特意恩赐他可以在洛阳自己建立府邸——天策府。而李世民本身就是一个有着雄心大志的人，从他的俘虏中挑选出来一大批有能之士，组成了一个五十人左右的随从集团。就在同一年，李世民建立了一个文学馆，他的国事顾问竟然达到十八名。对于这十八名学生，李世明是恩待有加，以至于在人们的心中，可以进文学馆学习，就是象征着以后的荣华富贵，恩宠不断。褚遂良的父亲便是其中一个，主要是掌管文学方面。而褚遂良跟着自己的父亲，在这样浓重的文化氛围中，他的学识也是日渐递增。特别是书法方面，在自己父亲好友欧阳询与虞世南的精心教导下，褚遂良在所有的学生中都是出类拔萃的。尽管褚遂良在他们面前只是一个小辈，但是他的名气却不比他们差，而且还有了一定的政治地位与社会名望。

公元 626 年 6 月，唐王李世民发动了"玄武门之变"，登上了太子之位。同年的八月，李世民登基为帝，史称唐太宗，开启了"贞观之治"的繁盛年代。

公元 638 年，大书法家虞世南去世，唐太宗将他看作自己的哥哥，所以对于他的离去，唐太宗感到无比的悲痛。唐太宗李世明曾经感叹道："虞世南离开，恐怕这个世上将没有人再与我讨论书法了！"魏徵看到唐太宗如此伤心，便找了一个合适的机会，将褚遂良举荐给了李世民，唐太宗与他一见如故，当即封他为"侍书"。

唐太宗时期，李世民曾经花费很多的时间和精力来大量广泛收集王羲之的书法帖，这也使很多人都争先奉上以求得到赏赐。但是，对于这些献上来的法帖，该怎么样才能知道他的真假呢？而褚遂良比较熟悉王羲之的书法，对于法帖的真伪他也可以毫不费力气的辨别出来，这也让很多人不敢再给唐太宗进献赝品来谋取利益。褚遂良的这个才能好像让唐太宗看到了王羲之一样，对他十分的赞赏和信任，于是，由将他提升为谏议大夫，兼任知起居事。每当朝中大事的时候，唐太宗都会询问褚遂良的意见。而褚遂良在治国方面也确实有很好的远见卓识。

公元 649 年，唐太宗病重在床，到了弥留之际，唐太宗传来了长孙无忌和褚遂良，对他们二人说："你们全都是忠臣良将，都对大唐忠心耿耿，朕的心中也是十分信任。当日汉武帝将王朝托付给了霍光，而刘备则是将基业托付给了诸葛亮。朕的王朝，则是要托付给二位爱卿了。太子是一个仁孝之人，你们对他也都了解，必须要尽力地去辅佐我大唐江山，永葆我李家基业。"随后他又对太子李治说道："有长孙无忌和遂良在，朝政上的大事，你就可以不用担心了。"于是便命令褚遂良开始起草诏书。八年之后，已经被贬的褚遂良在唐高宗的信中曾经写道："当年受到先皇遗诏，只有臣与长孙无忌大人在，皇上才将悲痛表现出来，臣在先帝面前奏请让你继位登基。当时皇上双手抱着老臣的脖子，臣和长孙及无忌立即返回京城，将这个消息公之于众，朝野上下都比较安静，没有引起大的动乱。"

贞观二十三年的六月，李治登基为帝，当时仅仅 21 岁，史称唐高宗。唐高宗登基后，将褚遂良封为河南县公；第二年，又升褚遂良为河南郡公。其实，唐高宗李治并不太喜欢这个唐太宗给他定下的托孤大臣，所以后来才找了一个原因，将他贬出了京城，做了同州刺史，而他的中书令的位置则是被人代替。过了三年之后，唐高宗李治又把他从外地召回，封为吏部尚书，同时还担任着修撰国史的任务，又提升为光禄大夫，还是太子的宾客。公元653年，褚遂良又被唐高宗提升为尚书右仆射，手中握着朝政大权，这也是他政权生涯中的巅峰。

公元640年左右，年仅十几岁的武曌被唐太宗册封为"才人"，属于第五等妃嫔。武才人不仅美貌无双，才情更是出众，深的唐太宗的喜欢。可是，武才人却和当时的太子李治之间产生了感情。唐太宗驾崩后，公元654年，唐高宗将已经削发为尼的武才人接回宫中，封她做了"昭仪"，一时之间宠冠后宫，也得到了一些朝中大臣的支持和认可。

公元655年，唐高宗想要废除王皇后，改立武昭仪为皇后，这个决定遭到了褚遂良和长孙无忌的强烈反对。褚遂良不顾皇帝的颜面，说的一番话给皇帝泼了很大的冷水，再加上他那不要命的态度——将自己的官帽摘下，不断地磕头，以至于与血流满面，这让唐高宗十分愤怒，命人将褚遂良拉了下去。而当时坐在一边的武昭仪心中对褚遂良恨得咬牙切齿，恨不得立刻将他除去。就在这僵直不堪的局面中，一贯擅长逢迎的李绩出来说了一句话："这件事情本来就是皇上的家事，根本无须过问外人。"就这样，立武则天为皇后的决定，不仅将褚遂良等忠臣打入了万丈深渊，也将这个盛唐的命运彻底改变。

这场斗争是我国历史上很著名的后宫参政的斗争，在我国历史上有着很深远的影响。李唐家族从唐太宗时、就与当时中国西北地区的一些大家族有着联姻关系，自从西魏之后，他们的势力已然成了统治的核心，成为"关陇集团"。而当时在朝中支持武则天的这些大臣们，却来自其他的地区，他们有的是商人，有的则是经过科举制度而考入官场，他们则是属于"山东集团"的成员。就这样，看似简单的后宫争斗，其实也是代表着两大权势集团之间的政治斗争。最后的结果便是支持武则天的山东集团胜出。公元655年10月，武则天被唐高宗册封为皇后，武则天继任之后，便将褚遂良贬出朝廷，任命他为潭州都督。公元657年的春天，武则天将褚遂良调离京师，远至很遥远的广西任职都督。而后，武则天又联合其他大臣，诬告褚遂良有谋反之心，于是唐高宗盛怒之下，褚遂良再次被贬。

褚遂良到了晚年的时候，又面临了一次被贬。这一次则是去了更远的地方，那就是已经远离中国本土的河内西南一带。面对这样的遭遇，褚遂良感到非常的悲哀和绝望，于是他又写了一封信上书给唐高宗，信中写了许多他为唐高宗和唐太宗尽忠尽职，鞍前马后的功劳，但是却并没有引起唐高宗的重视，没有起到实际意义上的效果。

公元 659 年，褚遂良死在了被流放的途中，终年 63 岁。武则天也开始了对他的大扫荡：在他离世的两年中，武则天不仅将他的官职削去，而且还将褚遂良的子孙后代贬去其他地方。这种命运一直持续了 46 年，到了公元 705 年，褚遂良的冤屈才得以昭雪。公元 747 年，褚遂良作为大唐的一代功臣，被在唐高宗庙里祭祀。公元 789 年，皇上下令，将褚遂良等一批功臣良将画在了凌烟阁上，这也就代表着大唐的皇帝承认了褚遂良所立下的汗马功劳，代表着褚遂良这个忠臣将永垂史册。

"画圣"吴道子

人物名片

吴道子（约公元 680 年～759 年），又名道玄，汉族人，老家在今天的河南禹州。唐代著名画家，在画史上被尊称为吴生。从小就家庭贫困，最开始只是一个民间画工，成年以后开始出名。曾经做过兖州瑕丘的县尉，然而，不久就辞职了。开元年间的时候因为画技好而被召入宫廷。曾经跟张旭、贺知章学习过书法。最擅长画的是人物、山水、鸟兽、佛道、楼阁、神鬼、草木等。

人物风云

吴道子自幼失去双亲，过着孤苦穷困无依无靠的生活。为了能够学习生存的技术，刚开始跟着书法大家贺知章、张旭学习书法，但是学无所成，于是就改为跟着民间画师当学徒，开始发愤苦学绘画的技术，并渐渐领悟了绘画的妙法。

在吴道子当时所生存的时代，宗教壁画非常盛行，在民间以画壁画为生的画工很多，这对聪明伶俐的吴道子来说，是一个非常有利的条件。因为他的勤奋刻苦，很年轻就获得"得丹青之妙"的好评，画技达到了一个很高的境界。

吴道子是一个有远大志向的人，因此他并不满足于只是做一名民间职业画师。虽然他想要在绘画方面有自己的成就，但是首先他要养活自己。于是在他19岁的时候，他为了生存屈身在逍遥公韦嗣立的手下做一名小官，后来又曾经担任瑕丘县的县尉。但是他却不喜欢官场的庸俗腐败，仍然保持着自己生性洒脱自然的生活作风。他嗜酒如命，尤其是在作诗的时候，是一定要畅快淋漓的大喝一场。大约在开元初年，吴道子不再入仕做官，而是开始在富有的洛阳一带过着流浪的生活，以为别人作画为生。当时，由于皇帝对道教、佛教的推崇，因此修建寺院道观的风气盛极一时自然宗教壁画也是风采各异，吴道子在洛阳流浪的这些天，一方面仔细观摩大艺术家的成就和寺庙殿堂中的优美壁画，一方面全心全意创作寺院道观的壁画。由于他对绘画方面的天分和勤奋，他的画技在很快就得到了提高，并且名气也日渐鼎盛。

俗话说：人怕出名，猪怕壮。由于吴道子在江湖上的名气越来越旺，不久就入了唐玄宗的"法眼"，被召到京都长安过着"伴君如伴虎"的生活，进入皇宫后，吴道子成了玄宗的专用画家。吴道子从此后便经常在宫中作画，有时候也跟随玄宗到各地赏玩，记录下优美的风景。

开元十三年的时候，唐玄宗一行人去泰山参禅，并命令吴道子共同前往。在回京的路上路过潞州也就是今天的山西长治，马车经过金桥时，玄宗看见前后道路曲折迂回，随行队伍精神抖擞，整齐有序，心里感到非常兴奋，于是命令陈闳、吴道子、韦无忝三位画家共同绘制一幅《金桥图》。陈闳负责的部分是玄宗的真容以及他所骑的"夜照白"，马韦无忝负责画动物，比如狗、驴、马、羊、骡、牛等之类，而其他的景物，如人物、桥梁、器具、山水、车辆、草树、鸟类、帷幕等主要部分则由吴道子负责。在《金桥图》绘成面世后，人们无不惊叹称妙！

在给人物作画时，吴道子有一个非常独到的见解，那就是："画鬼易，画人难。"因为给人物作画时，真实是唯一且重要的标准，而画鬼神时就可以加入很多自由发挥的想象。

吴道子的高超技艺就是体现在无论是鬼神还是人物画他都达到了一个很高的水平，既表现了自己在绘画方面的天才，也说明了他的成就是经刻苦用功而得到的，而这句名言不仅适用于绘画领域，并且成为了一句非常具有哲理意味的俗语。经过吴道子修饰的人物，刚强有力并且富有动感，就连衣服飘带迎风舞动的情景都描述的非常逼真，因此，后人将他的"天衣飞扬，满壁风动"的风格，戏称为"吴带当风"。当他画人物的时候，能够把人体各部分的比例表现得十分精确，他作画的时候不会讲究先后次序，可以选择从手开始画，也可以选择从脚开始，无论怎样都能赋予画面很强的表现力，而且画面非常真实，饱满的肌肉、细腻的皮肤，甚至是皮肤上的一个个毛孔都能清楚地看到，由此可见他高超的绘画技艺和对人体结构的精熟。

唐代道教、佛教都十分盛行，因此宗教艺术也有很长远的发展，所以，吴道子在佛画艺术方面取得了很高的成就，他一生中最大的成就是壁画。吴道子穷尽一生去研究绘画，凭借巨大的创作热情，一生所完成的壁画，只在洛阳和长安两地寺院和寺观就存在300多间壁画，最有名的作品是《地狱变相》。画中所有的佛教人物形态都独树一帜，迥然不同。在文书上记载的，据张彦远《历代名画记》、和段成式的《京洛寺塔记》、朱景玄《唐朝名画录》等统计，总数也达百幅以上。在存世的卷轴画方面，存在于历代著录的有《群驴图》、《金桥图》、《天王送子图》等超过150幅，真可谓眼花缭乱，令所有人都佩服他的刻苦。

之所以历史上有吴道子"画圣"的美誉，并且在绘画艺术上取得如此卓尔不凡的成就，就是由于他勇于创新、追求与众不同的精神。

《历代名画记》记载了吴道子的两句话："众皆密于盼际，我则离披其点画……众皆谨于相似，我则脱落其凡俗。"意思就是说当所有画家都在刻意追求中国传统的缜密画法的时候，吴道子却在尝试寻找疏体意笔的技巧，当其他画家都在细心谨慎地描绘事物时,吴道子却敢于突破传统的局限,以他充满神奇力量的笔法开始绘制活灵活现的作品了。因此他的艺术作品成为历代画师们必学的楷模,他的作品被世人们称为"吴家样"。他的绘画技巧尤其对唐代以及后世的绘画史都有着深远的影响,被后代画工尊称为"画圣"、"师祖"。

在乾元年间时,吴道子依然健在,并且亲自指导他的弟子作画,但那时他已是高龄七十多的老人了。但以后关于吴道子的事迹,就没有史籍可查了。

书法家"柳少师"

人物名片

柳公权(公元778年~865年),字诚悬,汉族人,是唐代著名的书法家,因为书法精湛与颜真卿齐名,后世有"颜筋柳骨"的美称。老家在今天的陕西铜川市耀州区。官位一直到太子少师,世人称"柳少师"。柳公权从小就聪明好学,12岁就能作诗词歌赋,但尤以书法为最。他一生有很多作品,主要有《大唐回元观钟楼铭》、《玄秘塔碑》、《金刚经刻石》、《神策军碑》、《冯宿碑》。

人物风云

柳公权才华出众,在元和初年中了进士,刚开始担任秘书省校书郎。在李听镇守夏州的时候,又任命他为掌书记这个官位。唐穆宗登基以后,柳公权因为有政事上奏就进京了,得到了穆宗召见,穆宗对他说:"其实我很早在佛寺中就已经看到过你的笔迹,所以很久以前就想见见你了。"柳公权得到穆宗的赏识当天就给他升官做右拾遗,担任翰林学士的职位,后来又升为司封员外郎、右补阙。由于唐穆宗荒淫无道,而且行为乖张,有一次穆宗询向柳公权如何用笔才能完美无缺,柳公权回答道:"用笔的方法不是在于外形,只在于是不是用心,心正那么笔法自然完美无缺。"皇帝面羞愧,因为他知道柳公权这是借用笔法来劝诫他要重视政务,严于律己。柳公权经历了穆宗、敬宗、文宗三朝为官,但都是在宫中负责侍书之职。他的哥哥柳公绰当时在太原任职，就写信给宰相李宗闵说："我的弟弟虽然说苦心钻研文章书法，但是先朝只任命他做侍书，这种小职务和占卜小吏职责没有什么区别，我也常以此为耻，希望能给他调换一个比较闲散的职位。"于是，柳公权又被升任为右司郎中，接着又被封为弘文馆学士、司封郎中、兵部郎中。

后来文宗即位后，又封他为侍书，升官做谏议大夫。不久以后又改为中书舍人，担任翰林书诏学士。文宗很看重柳公权，经常在一起探讨文学，每次柳公权和文宗在浴堂探讨问题，经常是蜡烛已经烧完了，但是谈兴正浓不忍心打断，所以不肯浪费时间去取蜡烛，宫中的婢女便拿来蜡油湛纸用来照明。有一次他和文宗去未央宫花园中赏玩，文宗突然停下车子对柳公权说："今天有一件事使我高兴的事。过去赐给边兵战服，总是不能及时发下，这次却在二月里就已经把春衣发放完毕了。"柳公权听见此话就上前表示祝贺，文宗说："只是一句祝贺，无法把你的心意完全表达清楚，不如你作首诗向我祝贺吧。"宫人也催促他亲口念给皇帝听，柳公权于是念道："去岁虽无战，今年未得归。皇恩何以报，春日得春衣。"文宗听了非常高兴，对柳公权的文采赞赏了好大一会儿。

有一次文宗和六位学士在便殿闲聊，文宗偶然说起汉文帝为人节俭，便举着自己的衣袖对他们说："我穿的这件衣服也已经洗过三次了。"学士们都赶紧赞扬文宗的节俭作风，只有柳公权一人避而不答，文宗单独留下他，问他当时为何说话，柳公权正直的回答说："一个君主应注重大节，大节是应该考虑起用贤良的人才，罢黜那些心术不正的佞臣，对忠言劝诫要善意听取，赏罚分明。至于那些穿洗过的几件衣服，对您来说只不过是小节，无关紧要。"那个时候周墀也在场，听了他的一番言论，吓得胆战心惊，但柳公权却义正言辞。文宗对他说："我明白你这个舍人不应该被降为谏议，但谁让你有谏臣的风度，那么你就任谏议大夫吧。"第二天立刻就下旨，任命他为谏议大夫并兼任知制诰，但是依然保留着他的学士衔。

柳公权当初学习书法的"启蒙老师"是王羲之，后来又开始大范围浏览近世成名书法家的笔迹，逐渐形成了自己妩媚、遒劲的书风，后自成一家。当时流行柳公权的书法，如果公卿大臣们为先人立碑的话，得不到柳公权为先人所书的碑文，人们通常会认为那是一种不孝的行为。当时不仅中国人崇尚柳公权，就连外国使者来唐朝进贡，都要专门封上货币，并且注明这是购买柳公权书法的专用资金。长安西明寺里的《金刚经碑》就是柳公权亲笔书写的，里面集结了钟繇、欧阳询、王羲之、褚遂良、虞世南、陆东之等人的笔法，是他最得意的作品。文宗在夏天习惯和学士们一起作诗助兴，文宗的第一联是："人皆苦炎热，我爱夏日长。"柳公权接着说道："薰风自南来，殿阁生微凉。"当时丁、袁等五位学士都连续联句，可是文宗只爱吟诵柳公权的那两句诗，评论道："用词用句清丽典雅，意思表达得很完整，是不可多得的好诗。"于是命令柳公权把诗题写在宫殿的墙壁上，每字大小五寸，文宗看了雕刻以后，赞叹说："即使钟繇、王羲之还在世，也比不过你啊！"

在宣宗大中初年的时候，升任他为太子少师，柳公权进宫谢恩，宣宗立即召他上殿，并让他在殿上书写三幅字，担任军容使的西门季玄亲自替他磨墨台，枢密使崔巨源替他铺纸。其中一幅写的是十个正楷字，"卫夫人传笔法于王右军"；另一幅是十一个行书字，"永禅师真草《千字文》得家法"；最后一幅是八个草书字，"谓语助者焉哉乎也"。宣宗非常开心，赏赐给他瓶盘、锦缎等银器，并命令他必须亲自书写答谢表，不管是什么字体，宣宗对柳公权的谢表异常珍惜。

柳公权一生专心于书法艺术的钻研，很少分出精力去管理家务，他替那些有功的臣子和贵族家书写碑文，每年都可以得到非常多的金钱，然而这些钱大部分被他府里主管财物的奴仆龙安、海鸥等人偷去。他曾经存放着一筐名贵的酒具杯盘等银器，筐上的封条并没有开启，但是里面的器皿却无缘无故不见了。他审问奴仆海鸥，海鸥说："我也没看那见。"柳公权坦然一笑，说道："也许银杯成精长出翅膀自己飞去了。"就没有再问说什么。他最看重的只有书画和笔砚，那些东西都亲自锁起来。他曾经评价过砚石的好坏，他最喜欢青州的石末砚，认为是排第一位的，只是轻轻一磨就会出现墨汁；绛州黑石砚相比就差一些。柳公权咸通六年去世，享年88岁。死后赐太子少师。

参考文献

[1] 乔继堂. 中国名臣全传 [M]. 北京：中国社会科学出版社，2006.

[2] 解力夫. 正说中国历代开国皇帝 [M]. 北京：新华出版社，2009.

[3] 丁克实. 正说中国历代末帝 [M]. 北京：新华出版社，2008.

[4] 方华文. 中国文坛名人 [M]. 安徽：安徽科学技术出版社，2010.

[5] 闻君. 中国历史探秘 [M]. 北京：中国时事出版社，2007.

[6] 丁克实. 正说中国历代末帝 [M]. 北京：新华出版社，2008.

[7] 阿龙. 唐朝那些事儿 [M]. 北京：华夏出版社，2011.

[8] 纳兰秋. 唐朝其实挺有趣儿 [M]. 北京：石油工业出版社，2011.